LOUIS GAUSSEN

ET

L'ÉPOQUE DU RÉVEIL

PAR

F. C. HUGON

PASTEUR A CHATILLON-EN-DIOIS (DRÔME)

« J'ai cru, c'est pourquoi j'ai parlé. »
II Cor. iv, 13.

MONTAUBAN

IMPRIMERIE ADMINISTRATIVE ET COMMERCIALE J. GRANIÉ

3, Avenue Gambetta, 3

—

1897

LOUIS GAUSSEN

ET

L'ÉPOQUE DU RÉVEIL

LOUIS GAUSSEN

ET

L'ÉPOQUE DU RÉVEIL

THÈSE

PUBLIQUEMENT SOUTENUE

DEVANT LA FACULTÉ DE THÉOLOGIE PROTESTANTE DE MONTAUBAN

En Février 1897

PAR

F.-C. HUGON

Pasteur à Châtillon-en-Diois (Drôme)

POUR OBTENIR LE GRADE DE BACHELIER EN THÉOLOGIE

« J'ai cru, c'est pourquoi j'ai parlé. »
II Cor. IV, 13.

MONTAUBAN

IMPRIMERIE ADMINISTRATIVE ET COMMERCIALE J. GRANIÉ

3, Avenue Gambetta, 3

—

1897

UNIVERSITÉ DE TOULOUSE

Faculté de Théologie Protestante de Montauban

Professeurs.

MM. C. Bruston, I. ⚜, *Doyen*... Exégèse et Critique de l'A. T.

A. Wabnitz, I. ⚜.......... Exégèse et Critique du N. T.

E. Doumergue, I. ⚜....... Histoire ecclésiastique.

F. Leenhardt, I. ⚜....... Philosophie et Sciences.

F. Montet, A. ⚜.......... Grec du N. T. et Patristique.

H. Bois................... Théologie systématique.

L. Maury................. Théologie pratique.

A. Westphal.............. Cours complémentaire de théologie biblique.

J. Pédézert, ✳, I. ⚜, professeur honoraire.

J. Monod, ✳, I. ⚜, doyen honoraire.

Examinateurs.

MM. L. MAURY, *Président de la soutenance.*

H. BOIS.

A. WESTPHAL.

A. WABNITZ, I. ⚜.

PRINCIPAUX OUVRAGES CONSULTÉS

Chrétien évangélique, 6 articles, 1863-1864....... C. Pronier.

*Le premier Réveil et la première Église indé-
pendante à Genève*....................... E. Guers.

Genève religieuse au XIXe siècle .... H. de Goltz.

Mémoires....................................... A. Bost.

Défense des fidèles de Genève................ A. Bost.

Histoire véritable des momiers de Genève.

Lettres à la Vénérable Compagnie............. L. Gaussen.

Mémoires au Conseil d'État.................... L. Gaussen.

*Exposé historique des dissensions élevées entre
la Compagnie des pasteurs de Genève et
M. Gaussen, l'un de ses membres*......... J.-J. Chenevière.

Rapports de la Société évangélique, 1832-1863.

Journal de S.-R.-L. Gaussen.

Nous croyons devoir prévenir le lecteur que cette thèse était écrite
avant la publication de l'ouvrage de M. le professeur Maury, et que
nous n'avons pu par conséquent l'utiliser.

AVANT-PROPOS

———

Nous avons à nous occuper de Louis Gaussen. Il semble que nous sommes dans une époque peu propice pour traiter un tel sujet.

Pourtant c'est sans aucune crainte que nous commençons aujourd'hui cette étude, prenant pour mot d'ordre cette parole du grand Apôtre : « Nous n'avons point de puissance contre la vérité, mais nous n'en avons que pour la vérité[1]. » Cette parole fut la devise de celui auquel nous consacrons ces pages. Gaussen aurait tout sacrifié pour le triomphe de la vérité.

Après avoir vécu quelque temps, par la pensée, avec ce serviteur de Dieu, on comprendra notre désir de lui rendre un hommage légitime.

Pour bien apprécier toutes les actions d'un homme, il faut connaître son temps, pénétrer le milieu dans lequel il a vécu. L'esquisse de l'histoire religieuse de Genève à la fin du XVIIIe et au commencement du XIXe siècle, tel sera le thème de notre première partie. Dans une seconde, nous retracerons la vie de

———

1. II Cor. XIII, 8.

Gaussen et nous examinerons son rôle ecclésiastique.

C'est avec bonheur que nous avons poursuivi cette étude. Sans doute, dans le Réveil, il y a certaines choses, certains faits qui doivent passer au crible de la critique, mais il nous est arrivé souvent d'être rempli des mêmes sentiments que le voyageur gravissant les pentes escarpées des Alpes. Lorsqu'il a atteint le sommet, but de tous ses efforts, un magnifique panorama se déroule devant lui, un sentiment unique remplit son cœur : l'admiration.

En étudiant cette partie de notre histoire religieuse, nous avons constaté, une fois de plus, comment Dieu se sert des choses faibles pour confondre les fortes. En considérant la foi, l'énergie morale, l'activité de ces hommes, qui étaient pour les âmes droites parmi lesquelles ils vivaient la bonne odeur de Christ, nous n'avons pu que nous écrier : Puissions-nous être des serviteurs de Dieu aussi fidèles, aussi dévoués.

PREMIÈRE PARTIE

ESQUISSE DE L'HISTOIRE RELIGIEUSE DE GENÈVE A LA FIN DU XVIIIe ET AU COMMENCEMENT DU XIXe SIÈCLE

CHAPITRE PREMIER

GENÈVE A LA FIN DU XVIIIe SIÈCLE

Le XVIIIe siècle fut une ère nouvelle pour la théologie. Pendant tout le XVIIe, théologiens, pasteurs, membres de l'Église de Genève, étaient renfermés dans le cercle étroit du dogmatisme officiel. La vérité évangélique était saisie mieux par l'intelligence que par le cœur et la conscience.

Le premier professeur qui rompit avec la scolastique orthodoxe résumée dans le *Consensus* fut Jean-Alphonse Turettini, l'un des précurseurs de l'alliance évangélique. Il désirait arriver à l'union entre les différentes confessions de la Réformation. Pour parvenir à son but, Turettini travailla avec énergie à l'abolition des symboles et des confessions de foi, désirant y substituer la théorie des points fondamentaux[1]. Si ces efforts ne furent pas couronnés de

---

1. Chacun sait le rôle que cette théorie joue dans la polémique des

succès, ils produisirent d'heureux résultats et don-
nèrent une direction nouvelle à la théologie. Il eut la
joie de voir inaugurer dans Genève un culte luthérien
régulier. A sa mort, la Compagnie rendit hommage à
ses nobles idées sur la tolérance.

Quelques années après la mort de Calvin, le peuple
était initié aux questions les plus importances de la
dogmatique. Rares étaient les familles qui n'eussent
pas la traduction de l'*Institution chrétienne*. Au
milieu du XVIII° siècle, le peuple parlait encore
quelquefois de ces questions, mais avec la plus
grande indifférence. Il fallut continuer l'œuvre de
Turettini, mieux approprier la théologie et la prédication aux besoins du temps. Comme les pasteurs
dogmatisaient toujours, ordre leur fut donné de
rendre leur prédication plus actuelle, plus intéressante, en faisant dans leurs discours une plus grande
place à la morale. En 1742, l'ancien syndic Martin
proposa au Consistoire : « Que chaque membre de ce
corps rapporte céans ceux qu'ils apercevront qui dog-
matisent afin d'y porter remède[1]. » Cette réaction
contre le dogmatisme, était parfaitement juste, mais
elle fut poussée si loin que bientôt on perdit de vue
le dogme lui-même[2]. Les membres de la vénérable
Compagnie cherchèrent à se débarrasser de toute for-
mule dogmatique. Pour bien comprendre le rôle de
la Compagnie dans ce siècle, il faut se souvenir d'un

protestants contre les catholiques; nous ne pouvons pas songer à l'exposer ici.

1. *Genève religieuse,* p. 56.

2. Nous entendons par dogmatisme la conception uniquement intellectuelle de l'Évangile.

fait de la plus haute importance qui s'était passé en
1700 et qui fut le renversement du système de Calvin.
Le Réformateur avait posé ce principe : L'État doit
trouver sa vie dans l'Église, l'Église prendre son
point d'appui dans l'État. Dans les premières années
du XVIIIe siècle, le pouvoir civil se sépara du pouvoir religieux. L'autorité ecclésiastique fut entièrement entre les mains de la vénérable Compagnie;
malgré cela, elle ne parvint pas à renouveler la vie de
l'Église. La vie religieuse disparaissait peu à peu, la
Faculté de théologie ne comptait plus qu'un petit
nombre d'étudiants, du reste la Compagnie n'aurait
pas vu avec plaisir qu'un jeune homme du peuple
entreprit de telles études. Pour être spectable, il fallait être membre d'une famille aristocratique.

Voici à ce propos la remarque d'un étranger : « La
jeunesse appartenant à de bonnes familles et en crédit,
qui aurait plus que d'autres le moyen d'étudier, ne se
soucie pas de le faire, étant trop persuadée d'avoir
sans tant d'étude de bonnes charges civiles et ecclésiastiques. Les autres jeunes gens se soucient aussi peu
d'étudier parce qu'ils savent que toute la science de
Salomon ne servirait pas à les faire avancer, n'ayant
pas la parenté nécessaire[1]. » La Compagnie avait
singulièrement oublié le précepte de Jacques : « Que
votre foi en notre glorieux Sauveur Jésus-Christ soit
étrangère à toute acception de personne[2]. » Plus elle
mettait d'ardeur à augmenter son autorité extérieure,
plus elle perdait son influence morale, moins elle

1. *Genève religieuse*, p. 71.
2. Jacques I, 27.

apportait de soin à la conservation de la pure doctrine. Un mot caractérise cette période : *Relâchement*.

Relâchement dans les mœurs. La discipline de Calvin avait fait de Genève la métropole du protestantisme, la ville morale par excellence. Les mœurs genevoises, à la fin du XVI° et au XVII° siècle, se distinguaient par leur sévérité, leur simplicité, leur pureté ; au milieu du XVIII°, tout change. L'homme qui contribua le plus à la dégradation de nos mœurs fut Voltaire. Il n'eut ni trève ni repos qu'il n'eût vu un théâtre s'ouvrir à Genève. La Compagnie lutta jusqu'à la dernière extrémité, elle fut obligée de déposer les armes lorsqu'elle vit son adversaire posséder les sympathies non seulement du peuple, mais aussi d'une partie de l'aristocratie. En 1776, après quelques années de persévérance, Voltaire fut enfin témoin de l'ouverture du théâtre.

Relâchement dans le domaine spirituel et religieux. Trois hommes exercèrent une immense influence : Voltaire déclara une guerre ouverte à la religion chrétienne ; il alla jusqu'à prononcer cette parole devenue célèbre : « Écrasons l'infâme. » Grâce à ce littérateur, la légèreté, la moquerie, la raillerie se répandirent dans la cité considérée jusqu'alors comme la ville modèle, parce que tout dans son sein y était conforme à l'idéal que lui avait proposé son chef : Genève chrétienne.

Voltaire trouva un contradicteur distingué dans la personne de Charles Bonnet ; celui-ci l'attaqua d'une façon souvent mordante. Homme de foi, mais possédant cette foi intellectuelle comme l'était celle de son siècle, il ne put remporter de brillantes victoires. « Les miracles de l'Envoyé, ses promesses d'immortalité remplaçaient chez lui le salut gratuit et le sacrifice expiatoire du Dieu Sauveur. »

Rousseau, l'enfant de Genève, inaugura dans sa patrie le système de la religion naturelle; ce fut dans le peuple qu'il recruta la plus grande partie de ses disciples. A l'humilité, à la crainte de Dieu, à l'amour pour le Sauveur du monde succéda une admiration pour tout ce qui provient de l'homme naturel. Le déisme faisait son entrée dans Genève.

Rousseau soutint une lutte assez longue contre la Compagnie. Dans ses lettres de la Montagne, nous lisons ces lignes qui produisirent une vive sensation parmi la population : « On demande aux ministres de Genève si Jésus-Christ est Dieu. Ils n'osent répondre. Un philosophe jette sur un eux un rapide coup d'œil, il les pénètre. Il les voit ariens, sociniens, déistes; il le dit et pense leur faire honneur. Aussitôt alarmés, effrayés, ils s'assemblent, ils discutent, ils s'agitent et ne savent pas à quel saint se vouer et après force consultations, délibérations, conférences, le tout aboutit à un amphigouri où l'on ne dit ni oui, ni non. O Genevois! ce sont de singulières gens que vos Messieurs les ministres; on ne sait ce qu'ils croient ou ce qu'ils ne croient pas; on ne sait pas même ce qu'ils font semblant de croire. La seule manière d'établir leur foi est d'attaquer celle des autres. »

Relâchement dans la théologie. Le mauvais état des finances ne permettait pas d'avoir plus de deux professeurs à la Faculté : un pour l'hébreu, l'autre pour la morale. On abandonna, nous ne disons pas le dogmatisme, on aurait eu raison, mais le dogme lui-même,

cette force du système de Calvin. La morale et l'apo-
logétique le remplacèrent. Il fallait bien combattre les
idées que Voltaire et Rousseau avaient répandues
dans la population. On fit l'apologie du christianisme
en se tenant attaché à certaines vérités de l'Évangile,
mais afin qu'elles ne fussent pas trop mal acceptées,
on les montra d'accord avec la raison.

Vinet dit quelque part en parlant du christianisme :
« On le rend presque raisonnable, mais chose singu-
lière, quand il est raisonnable il n'a plus de force. »
Les prédicateurs de cette époque n'ont pas été préoccupés de la pensée dont les apôtres ont rempli leurs
écrits : Mettre en rapport l'âme avec Jésus-Christ,
seul moyen de la convaincre de sa misère morale, de
son néant, seul moyen de l'amener à la repentance, à
la foi, à la vie nouvelle. Du haut de la chaire, une morale toute humaine était prêchée, nous allions dire la
morale utilitaire.

Voici un fragment de sermon d'Ami Lullin qui justifie notre pensée : « On ne connaît point assez la haute
préférence que mérite la vertu sur tout autre qualité.
Est-ce donc que les biens terrestres avec leur décora-
tion illustre et passagère font le tout de l'homme?
N'avons-nous point d'autre faculté que les sens, ni
d'autre règle à suivre que nos appétits sensuels?
Ne sommes-nous faits que pour cette vie courte et
terrestre? En ce cas on pourrait excuser le prix
excessif que l'on met aux richesses. Mais si nous
avons une loi divine à observer, une conscience à
suivre, un compte à rendre, une félicité éternelle à
espérer, une âme à perfectionner et à sauver, en un
mot s'il n'y a qu'un moyen pour nous d'être souve-

rainement heureux qui est de faire le bien, mes frères, quel intérêt, quel trésor, quelle prudence, quel mérite est comparable à la vertu? Oui tout lui est subordonné et rien ne l'égale[1]... »

Les sermons trahissent tous l'influence de la philosophie, « ils contiennent de fort bonnes choses comme morale assurément et souvent des choses fort bien dites; quelquefois même des pages d'une beauté oratoire incontestable, mais, en général, n'y cherchez pas ce qui donne à la morale, avec son parfum évangélique, sa puissance et sa sanction, je veux dire le dogme rédempteur purement et nettement annoncé[2]. » La religion était considérée comme une vertu, non comme cette vie nouvelle qui pénètre l'homme tout entier en l'unissant à Dieu par Jésus-Christ. Ce ne sont pas ceux qui, comme Marie-Madeleine ou le centenier de Capernaüm, ont apporté leurs misères morales aux pieds de Jésus-Christ, auxquels le bonheur éternel est réservé; ce privilège est pour ceux qui auront pratiqué le plus grand nombre de vertus. Il n'est pas rare de rencontrer dans certains discours sur les doctrines fondamentales de la révélation, des pensées comme celle-ci : « Nous devons nous rendre dignes par nos vertus de la grâce de Dieu en Jésus-Christ[3]. »

On doit penser quelle fut la conséquence de cette manière d'annoncer l'Évangile : les temples devinrent déserts, même dans les grandes solennités comme

1. *Sermon sur Ruth II, 1-23*, p. 200.
2. *Le premier Réveil*, p. 14.
3. *Genève religieuse*, p. 92.

Noël, Pâques, les jours de jeûne; bientôt il n'y eut plus qu'un simple sentiment de patriotisme qui rattacha le peuple genevois à la religion de ses pères.

Avant de terminer l'histoire de cette période, nous devons mentionner une réforme importante. Le catéchisme de Calvin fut remplacé par celui d'Osterwald, dont la forme et le fond était mieux appropriés aux besoins du temps. Ce dernier recueil avait un défaut, il était trop évangélique, on lui fit subir diverses altérations, et enfin en 1787 la Compagnie adopta un nouveau catéchisme qui parut sous ce titre : *Catéchisme destiné particulièrement à l'usage des jeunes gens qui s'instruisent pour participer à la Sainte-Cène*. Cette publication montre le pas que la Compagnie avait fait dans le rationalisme. Nous citerons quelques exemples :

Demande : « Est-il nécessaire de croire en Jésus-Christ? »

Réponse du catéchisme d'Osterwald : « La foi en Jésus-Christ est nécessaire, puisque ce n'est que par lui que nous puissions être sauvés. »

Catéchisme de la Compagnie : « Oui, parce que c'est Lui qui nous a enseigné à bien connaître Dieu, et parce que par Lui seulement nous pouvons arriver à une pleine assurance du salut. »

Même Recueil. D. — « Pourquoi Jésus-Christ est-il appelé fils unique de Dieu? »

R. — « A cause de sa naissance miraculeuse, de l'excellence de sa nature et de son union intime avec Dieu. »

D. — « Comment Jésus-Christ nous a-t-il sauvés de nos péchés? »

R. — « 1° En nous annonçant et en nous confirmant par sa mort le pardon de nos péchés sous la condition de la repentance. 2° En nous offrant dans sa doctrine, dans son exemple et dans les secours du Saint-Esprit les moyens de nous sanctifier et de mériter le salut. »

D. — Pourquoi l'Évangile promet-il le salut à ceux qui pratiquent les bonnes œuvres? »

R. — « Parce que Dieu dans sa miséricorde veut bien se contenter de nos intentions et de nos efforts et les récompenser par la vie éternelle. »

D. — « Que représente l'eau qu'on emploie dans le baptême? »

R. — « L'eau du baptême représente la purification de l'âme; comme l'eau sert à nettoyer le corps, de même la religion chrétienne doit purifier notre âme du péché. »

Les beaux cantiques de Bénédict Pictet subirent aussi plusieurs altérations : « Jésus, *Dieu* de gloire », y devint par la suite « Jésus, roi de gloire[1]. »

L'Église de Genève faisait des progrès croissants dans le rationalisme, l'Église de Genève marchait à sa ruine, quand un événement politique vint jeter la terreur dans cette petite cité, nous avons nommé « la Révolution Française ». En 1792, Genève tombait au pouvoir de la France et devenait le chef-lieu du département du Léman; le 13 juin, les autorités françaises y furent installées, et, dès ce moment, son histoire se rattache à celle de la grande nation et ne s'en distingue par aucun trait bien important. L'in-

1. Ce changement était intentionnel.

crédulité fit encore de plus grands ravages, les mœurs
déjà relâchées le devinrent davantage sous l'influence
française. Nous devons noter que plusieurs membres
du clergé genevois luttèrent avec un noble courage
contre l'irréligion et déployèrent dans maintes circonstances une grande énergie morale. Mais « quand
les fondements sont renversés, que ferait le juste? »

CHAPITRE II

GENÈVE AU COMMENCEMENT DU XIXe SIÈCLE.

Sous la domination française, Genève vit rentrer
dans ses murs un ennemi qu'elle en avait chassé
trois siècles auparavant : le « romanisme ». A la fin
du XVIIIe siècle, on inaugura le culte de la religion
naturelle; en 1801, le culte catholique fut réinstallé
dans la Rome protestante : « Le 11 juin, la Compagnie recevant, par l'intermédiaire de la Société économique, une lettre du préfet réclamant la cession
de l'église de Saint-Germain aux catholiques, s'appuyant sur le fait que dans plusieurs villes on avait
cédé des temples aux protestants et que les autorités
devaient pouvoir assister au culte auquel elles appartenaient. Le préfet refusa l'offre que lui fit la Société
économique, du rez-de-chaussée du grenier à blé.
On hésita alors entre Saint-Germain et le temple
allemand (auditoire). On se décida en définitive pour
ce dernier vu le désir de plusieurs personnes qu'aucun des temples destinés à notre culte ne change de
destination et vu la crainte qu'une cession provisoire
de Saint-Germain ne devienne une cession pour tou-

,jours[1]. » Qu'il était loin ce temps où l'on faisait comparaître devant le Consistoire quiconque était coupable d'hétérodoxie!

Le 31 décembre 1813, l'armée autrichienne entrait dans Genève; la liberté de la petite république fut consolidée et bientôt après la cité de Calvin fit partie de la Confédération suisse. Dès ce moment, une seule pensée remplit le cœur de tous les citoyens : constituer un gouvernement qui fut la reproduction de celui de l'ancienne Genève.

Le Consistoire et la Compagnie avaient perdu, dans ces temps de malheur, une grande partie de leur prépondérance. Le premier de ces corps se vit enlever la juridiction matrimoniale. Pourtant, dès 1815, la Compagnie recouvra une partie de son autorité et réussit à maintes reprises à imposer ses vues aux Conseils de la République.

Il était nécessaire de mentionner ces événements pour bien comprendre l'histoire religieuse de cette période. Cela dit, esquissons, le plus brièvement possible, l'histoire de ce qu'on appelle le Réveil jusqu'en 1831, époque de la fondation de la Société évangélique.

Le mouvement religieux connu sous le nom de réveil n'a pas été parfait, mais ceux qui l'ont attaqué n'ont pas tenu compte des temps difficiles dans lesquels il a eu lieu et des mauvaises dispositions

1. *L'Église de Genève à la fin du XVIIIe siècle*, par L. Vallette, par. 59. — Le temple de Saint-Germain fut accordé quelques années plus tard pour la célébration du culte catholique et l'auditoire rendu aux réformés.

que la vénérable Compagnie lui a sans cesse témoignées. Celle-ci, composée en majeure partie de pasteurs rationalistes, employa son autorité à entraver les développements du Réveil.

Nous considérons ce mouvement comme une création de l'Esprit de Dieu, mais nous ne voulons pas méconnaître le facteur humain. Nous voulons nous rappeler que partout où est l'homme, là est l'imperfection. Ceux qui combattent le Réveil et qui admirent pourtant le mouvement religieux du XVIe siècle, ne trouveront-ils pas, comme nous, beaucoup de lacunes dans notre glorieuse réformation ? Aucune institution humaine n'est parfaite ; souvenons-nous du mot de l'apôtre : « Nous ne connaissons qu'en partie », et nos œuvres les meilleures sont toujours susceptibles d'amélioration.

Peut-on dire, qu'avant tout, le Réveil a été un rappel à l'ancienne discipline, comme le prétend M. G. Roulet[1] ? Non. Les hommes qui ont le plus travaillé au mouvement qui nous occupe ont été animés de ce désir : remettre en évidence les doctrines vitales de l'Évangile auxquelles on n'attachait plus aucune importance. Mais ce ne fut pas leur unique but. Considéré à ce point de vue, le Réveil ne serait plus qu'un mouvement intellectualiste, tandis que les préoccupations de ceux qui y travaillèrent furent toutes pratiques.

Ils prêchaient la régénération par le Saint-Esprit, après l'avoir expérimentée ; chacun d'eux pouvait s'appliquer cette parole de Paul : « J'ai cru, c'est pour-

---

1. *Thèse sur Moulinié*, p. 13.

quoi j'ai parlé ». Si quelques-uns peuvent être accusés d'intellectualisme, c'est à coup sûr les membres du clergé genevois. Ils gardaient soigneusement les Écritures, ils les considéraient comme inspirées, mais tous étaient fort mal à l'aise quand on leur demandait ce qu'ils pensaient des doctrines contenues dans le recueil sacré ?

L'auteur de la thèse sur F.-C. Moulinié est loin d'être dans le vrai quand il affirme que M. Chastel a trouvé la note juste en écrivant les lignes suivantes : « La fidélité dogmatique fut le terrain commun sur lequel les orthodoxes nationaux et dissidents dressèrent de concert leur batterie. Le mot d'ordre fut de rallier, de raffermir partout les adhérents de l'ancienne théologie, de lui en préparer de nouveaux parmi le clergé, d'enrôler sous sa bannière, de patronner, de subventionner au besoin les jeunes théologiens capables de la défendre, de former des associations où elle serait régulièrement prêchée et enseignée en attendant qu'elle pût reprendre le dessus dans les églises nationales elle-mêmes, ou qu'on obtint la suppression de celles-ci. »

L'auteur de ces lignes n'a jamais compris l'activité des Guers, des Pyt, des Bost, des Neff, des Gaussen, des Merle d'Aubigné. Prenons à la lettre ce jugement, ce n'est plus l'Évangile qui est en cause, mais un parti, un parti qui doit vaincre ou mourir. En étudiant la vie de Gaussen, nous aurons l'occasion de voir à maintes reprises qu'il n'a jamais eu la pensée de travailler à la suppression de l'Église nationale. Le véritable reproche adressé aux hommes du Réveil, c'est d'avoir ému les âmes, troublé les consciences, prêché l'Évangile dans sa simplicité et sa pureté.

L'Église nationale était tombée bien bas; malgré cette déchéance, trois hommes contribuèrent par leurs talents, leur piété, leur zèle, à préparer la voie au Réveil : I.-S. Cellérier, Peschier, Moulinié.

Isaac-Samuel Cellérier (1753-1844), prédécesseur de Gaussen dans la paroisse de Satigny, auteur de volumes de sermons très estimés et qui sont tout pénétrés de l'Esprit de l'Évangile, jouissait d'une grande popularité. « Aucun prédicateur n'a jamais obtenu de tels effets. C'est un événement dans Genève que sa trop rare apparition dans nos chaires. Au mérite de leur style, de leur doctrine et de tout ce qui peut trouver un lecteur de nos jours, se joignait le charme incomparable de sa diction, surtout la sainteté connue de son ministère, mais par dessus tout encore cette onction réelle et puissante que les prières secrètes d'un prédicateur peuvent répandre, au jour de l'action, non seulement sur ses propres paroles, mais sur ses auditeurs. Sans avoir dans sa prédication cette précision et cette autorité de doctrine qu'on admire à si juste titre dans les pères de l'Église réformée, mais qu'on eut alors peu comprise; il fut suscité de Dieu dans cette époque désastreuse pour préparer une sainte transition entre les plus mauvais jours de Genève et des temps plus heureux[1]. »

Charles-Étienne-François Moulinié (1757-1836), esprit spéculatif, réunissait chez lui quelques étudiants en théologie et s'efforçait de combler les vides

---

1. Gaussen, *Notice sur Cellérier père*.

de l'enseignement académique. Quant à celui-ci, il y a un fait qui domine tous les autres et qui semblerait incroyable, mais qui est authentique. « Pendant les quatre ans que nous passions à étudier la théologie, dit Ami Bost, et sauf l'usage que nous étions obligé de faire de l'Ancien Testament pour apprendre un peu d'hébreu, en traduisant cent psaumes, pendant ces quatre années, on n'ouvrait pas la Bible dans nos auditoires. Ce livre y était inutile et inconnu ; en d'autres termes, il n'entrait pas dans les cours, et, sauf son usage comme thème de langue, on pouvait ne pas la posséder. Sans doute, on nous en parlait quelquefois, soit pour nous y montrer quelques beautés poétiques ou des mouvements oratoires, soit pour appuyer les dogmes qu'on appelait de religion naturelle, même celui d'une résurrection et d'un jugement à venir, mais à part cela, rien. Et quant au Nouveau Testament en particulier, comme plusieurs de nous savaient le grec et que les autres étaient censés le savoir, ce livre ne paraissait ni comme thème de langue ni autrement. Aucun cours non plus, ni bon ni mauvais, de dogmatique chrétienne : c'était le déisme pur et, j'ose bien le dire, sauf la franchise qu'on n'y mettait pas, c'était un déisme impudent. » Hélas! où étaient les cours de Calvin et de Théodore de Bèze ! Moulinié eût été à sa place dans une chaire de la Faculté de théologie; mais si l'on appréciait sa personne, on avait horreur de sa doctrine.

Jacques-François-Louis Peschier (1758-1831), pasteur à Cologny. A la fois théologien, astronome, mathématicien, il était un prédicateur aimé. Il occupa depuis 1798 une place de professeur suppléant à la Faculté de théologie, quelques années plus tard la chaire de morale chrétienne. A la fin de sa carrière, il se rangea parmi ceux qui avaient des convictions franchement évangéliques.

Outre ces exceptions, les prédications étaient des apologies sans vie qui n'exerçaient aucune influence sur leurs auditeurs. On professait posséder le christianisme, mais c'était un christianisme sans Christ. Nous citerons un fragment de discours de Jean Lecointe, c'est la vraie prédication du salut par les œuvres; dans un sermon sur la mort (Hébr. ix, 27), il commence ainsi sa péroraison : « Telles sont, mes frères, les vérités et les conséquences salutaires que nous fournit la méditation de ces paroles de saint Paul. Il est ordonné à tous les hommes de mourir une fois... Oh! si ce discours vous rendait sages, vous engageait à considérer sérieusement votre dernière fin, si vous le rapportiez à ce grand but que nous nous sommes proposés. Puissiez-vous, mes frères, serrer mes paroles dans vos cœurs et les faire servir à la conduite de votre vie. Puissent vos vertus vous rassurer contre les terreurs de la mort. Puisse-t-elle être pour chacun de vous une messagère de bonne nouvelle. Oui, sans doute, si telles sont vos dispositions, le jour de la mort sera préférable au jour de la naissance.

« Le jour de la naissance nous place à l'entrée d'une carrière qu'il faut fournir. Que d'obstacles, que de combats avant de parvenir au terme, que de contretemps à essuyer, de chagrins à dévorer, de tentations de toute espèce à surmonter! Le jour de la mort,

pour ceux qui ont bien vécu, est celui où finissent
leurs peines où ils se reposent de leurs travaux ; après
la victoire, ils sont couronnés. Au jour de la naissance, nous sommes introduits dans un monde où
nous voyageons éloignés du Seigneur ; nous n'habi-
tons que le marchepied de ses pieds ; nous lui présen-
tons nos faibles hommages que dans des temples
bâtis par la main des hommes ; ce n'est que par les
élans de notre foi, de notre cœur, par nos prières,
par la participation aux sacrements, par la route que
nous trace la religion que nous pouvons le chercher
comme en tâtonnant... Mon Dieu, qu'il sera beau,
qu'il sera glorieux ce jour, si *tu daignes accepter nos
efforts* pour te plaire, les sacrifices de la résignation,
de patience que j'ai pu t'offrir, je serai réuni aux
intelligences qui chantent tes louanges[1]. »

Genève marchait donc dans la voie de la décadence
spirituelle, c'est alors que le Réveil éclata. Quelle fut
l'origine de ce mouvement ? Fut-il un miracle de
Dieu ou une importation étrangère ? Il y eut combi-
naison de ces deux facteurs : Dieu et l'homme.

Dieu qui peut tout faire sans l'homme ne veut rien
exécuter sans lui ; c'est en ceci qu'éclate son amour,
qu'après nous avoir attiré à lui, il fait de nous ses
ambassadeurs auprès des âmes qu'Il place sur notre
route. L'histoire sera la meilleure preuve de notre
assertion, les faits la justification de notre pensée.

En 1741, le comte Zinzendorf fit un séjour dans
notre ville durant lequel il y fonda une petite communauté morave. Après son départ, cette association

---

1. Jean Lecointe, *Sermons*, p. 374. — C'est nous qui soulignons.

comptait plusieurs centaines de membres qui pour la plupart quittèrent la patrie genevoise à l'époque de la domination française. Vers 1805, soit par suite de l'émigration, soit par la mort des anciens membres, ils se virent réduits à un très petit nombre. Mais n'oublions pas ce principe évangélique. « Un peu de levain fait lever toute la pâte. » Les familles restées attachées au culte morave exercèrent une bonne influence sur quelques étudiants en théologie. Ceux-ci fondèrent en 1810 la « Société des amis », sous la direction du père d'Ami Bost. Ces jeunes gens ne pouvaient se contenter de la doctrine de leurs professeurs; ils se groupèrent dans le but d'étudier l'Évangile, de croître dans l'amour du Sauveur, de vivre comme ils voudraient l'avoir fait à l'heure de leur mort. Les membres les plus zélés de la Société des amis furent Guers, Empeytaz, Ami Bost, Pyt. Le Réveil éclatait dans le milieu qui était le moins propice : à la Faculté de théologie. La Société des amis déplut à la Compagnie qui la persécuta jusqu'à ce qu'elle la vit disparaître, en 1814.

Les assemblées des frères moraves recommencèrent d'une manière régulière et devinrent de jour en jour plus nombreuses. Guers et Empeytaz y prenaient une part active malgré les avertissements de la compagnie qui leur avait déclaré qu'ils ne seraient pas admis à la consécration, s'ils continuaient à fréquenter des réunions particulières. Empeytaz ne cessa pas d'assister aux assemblées des frères. Le 3 juin 1814, mandé devant le corps directeur de l'Église nationale, il subit un interrogatoire, après lequel la décision suivante fut prise : « Empeytaz ayant paru, le modérateur a été chargé par la Compagnie de lui demander s'il avait eu connaissance du règlement relatif aux assemblées qu'il présidait à la rue Verdaine, et sur sa réponse affirmative, comme il a continué ces assemblées, le Modérateur lui a déclaré qu'il s'était exclu lui-même par cette opposition au règlement de la consécration au saint ministère dans notre église[1]. »

Empeytaz fut donc le premier que l'arbitraire de la vénérable Compagnie chassa de l'Église nationale. Le 18 juin, celle-ci sanctionne par un nouveau décret sa délibération du 3. « La Compagnie discute la proposition de ne plus permettre à M. Empeytaz de prêcher à la campagne et de lire dans nos chaires, et elle arrête, après deux tours d'opinions, que le Modérateur l'appellera et lui prononcera cette interdiction[2]. »

Depuis ce moment, il voyagea pendant deux ans avec la baronne de Krüdener, dont il avait fait connaissance à Genève. Personne pieuse, dont les allures avaient beaucoup d'analogie avec celles des disciples de Spener. Elle attira l'attention par la publication d'un livre intitulé : *Valérie;* sa réputation se répandit, son influence grandit ; elle s'exerça surtout sur le jeune candidat au saint ministère. Pendant un séjour à Baden, au mois d'août 1816, l'ancien étudiant en théologie ouvrit la lutte entre les partisans de la vérité évangélique et la Compagnie, en publiant une brochure sur la divinité de Jésus-Christ.

Empeytaz attaque en face le parti socinien : « La

1. *Histoire véritable des momiers de Genève,* p. 41.
2. *Id.,* p. 42.

vénérable Compagnie est accusée depuis bien des années de ne plus professer le dogme de la divinité de Jésus-Christ. Ce reproche devait être repoussé par une déclaration franche et précise : il ne l'a point été. L'imputation est grave et porte sur les principes fondamentaux du christianisme. Ce silence ne prend-il point les couleurs d'un aveu, et ceux qui se taisent dans une circonstance où tout leur fait un devoir de parler, ne semblent-ils pas adopter la doctrine qui leur est attribuée? Après dix-huit siècles de foi, dans une cité éminemment chrétienne, dans Genève berceau de la Réformation, nos oreilles pourraient-elles entendre sans scandale des paroles de blasphème, même d'hésitation et de simple doute, sur la divinité du Sauveur? »

Empeytaz examine ensuite les six questions suivantes :

1° Le reproche que l'on fait à la vénérable Compagnie des pasteurs de Genève de ne plus professer la foi à la divinité de Jésus-Christ est-il fondé ?

2° Le dogme de la divinité du Sauveur est-il conforme à l'esprit des saintes Écritures ?

3° Quelle était sur ce point la croyance de l'Église de Genève au commencement du XVIII° siècle ?

4° A l'époque de la Réformation, toutes les communions chrétiennes ont-elles été d'accord sur le dogme de la divinité de Jésus-Christ?

5° Est-il indifférent d'embrasser sur cet article l'affirmative ou la négative?

6° Que devez-vous faire, messieurs, pour concourir à rétablir l'enseignement de la sainte doctrine dans notre église ?

Quelque *modérée* que soit cette publication, elle
produisit l'effet d'un *charbon de feu* dans un *tas de
poudre.* Tous les étudiants, même ceux qui ne partageaient pas les vues de la Compagnie, sauf Guers
et Pyt, devinrent les ennemis d'Empeytaz et protes-
tèrent solennellement contre les attaques odieuses
dont leurs professeurs étaient les objets. Le bruit que
fit cette brochure fut immense : traduite en plusieurs
langues, un grand nombre de journaux en publièrent
des extraits. Des demandes d'explication furent
adressées à la Compagnie qui, selon son habitude,
pour n'avoir pas à se prononcer mit en évidence qu'un
jeune homme avait troublé la paix de l'Église et celle
de la cité. Elle se déroba, encore une fois, à répondre d'une manière précise à la question posée. Le
calme se rétablit peu à peu.

Au mois de janvier 1817, arrivait à Genève, Robert
Haldane, l'homme choisi de Dieu, pour apporter
dans Genève la semence de la vie. Cet homme était
remarquable par sa piété, par sa connaissance pratique des Écritures, par sa foi en leur divine autorité. Il fut un instrument béni dans la main de Dieu
pour proclamer la bonne nouvelle du royaume des
cieux aux hommes qui jouèrent un grand rôle dans
l'histoire religieuse de la première moitié du XIXe
siècle : Merle d'Aubigné, Frédéric Monod, Émile
Guers, Charles Rieu, Malan datent leur conversion
de ces heures inoubliables qu'ils passèrent avec
Haldane à étudier la parole de Dieu. Les entretiens
sur l'Épître aux Romains commencèrent avec quelques étudiants : bientôt tout l'auditoire de théologie
y assista. Haldane faisait l'explication en anglais,

un des assistants en donnait l'interprétation. Souvent les étudiants l'arrêtaient par quelques objections. Montrant la Bible, il disait à son contradicteur : « Regarde ici, comment lis-tu? Cela est écrit avec le doigt de Dieu. »

Frédéric Monod décrit avec beaucoup de charme l'impression produite par ces heures consacrées à l'étude de l'Écriture. « Les premières réunions nous préparèrent à écouter avec une plus grande confiance les enseignements didactiques qu'il commença bientôt en nous expliquant l'Épître aux Romains, que plusieurs d'entre nous n'avaient probablement jamais lue et qu'aucun ne connaissait. En suivant régulièrement cette épître, il eut l'occasion de nous mettre sous les yeux un corps complet de théologie et de morale chrétienne. Cet enseignement, par la bénédiction de Dieu qui s'y fit si puissamment sentir, atteignit la conscience et le cœur de plusieurs de ses auditeurs qui, comme moi, font remonter à ce vénérable et fidèle serviteur de Dieu leur première connaissance de la voie du salut et de l'Évangile de vérité. J'envisage comme l'un des plus grands privilèges de ma vie, maintenant avancée, d'avoir été son interprète presque durant tout le temps qu'il a expliqué cette épître, étant le seul qui connût assez bien l'anglais pour être honoré de cet emploi. Le nom de Robert Haldane est inséparablement lié à l'aurore du Réveil de l'Évangile en Suisse et en France[1]. »

La Compagnie désira le départ de cet étranger qui

1. *Vie de Robert et James Haldane*, t. II, p. 24.

gagnait l'affection des étudiants, leur montrait les lacunes de l'enseignement de leurs professeurs, et arriverait à produire un bouleversement général dans l'Église. Certains étudiants qui avaient pris la défense de la Compagnie lors de la publication d'Empeytaz, étaient maintenant contre elle. Dans son sein même les représentants de l'orthodoxie ne craignaient plus d'affirmer avec énergie leurs convictions, entre autres celui dont nous écrirons bientôt la biographie, quant tout à coup un fait amena le plus grand trouble dans l'Église.

Le 15 mars 1817, Malan prêchait son sermon sur le salut par grâce, dont le texte était : « L'homme ne peut être justifié que par la foi. » Les éloquentes paroles du prédicateur tombèrent comme des coups de foudre sur ses auditeurs. Laissons Malan lui-même nous décrire ce qui se passa dans cette mémorable journée où l'Évangile fut de nouveau prêché avec puissance dans l'Église nationale : « Je prêchais dans un grand temple qui cependant était trop petit pour l'auditoire qui s'y pressait. C'était vers le soir, et l'obscurité du lieu ajoutait à la solennité de l'appel que pour la première fois j'adressais à la conscience des incrédules et des pharisiens. On m'écouta d'abord dans le plus profond silence, mais ce calme était celui de la surprise et du déplaisir. Des signes de mécontentement se montrèrent ici et là à mesure que je manifestais la fausseté de la justice de l'homme, et que j'exaltais celle de Dieu par la seule foi en Jésus. On en vint jusqu'à murmurer, on s'agitait, et lorsque montrant de la main la muraille qui est à droite de la chaire, je dis avec fermeté : Si dans ce moment, la main mystérieuse

qui jadis à Babylone, au milieu de la licence d'un
festin impie, écrivait en silence sur la muraille, l'arrêt
de mort d'un roi vicieux, si cette main s'avançait à
cette heure et qu'elle traçât sur cette paroi l'histoire
des mois, des jours, des heures de votre vie depuis
que vous avez juré de la rendre pure, si ces lignes
véridiques révélaient ici ce que vous avez fait, ce que
vous avez pensé loin des regards des hommes et dans
le secret de votre cœur, dites! Quel est celui de vous
qui osât même y porter les yeux? Cette supposition
ne vous fait-elle pas frémir, et ce besoin de l'éloigner
n'est-il pas le cri même de votre conscience qui vous
reproche d'avoir recherché, vous les mêmes impuretés,
vous les mêmes convoitises.

« En ce moment-là plusieurs des auditeurs regar-
dèrent comme à la dérobée vers la muraille, d'autres
levèrent les épaules, et le plus grand nombre mani-
festa une impatience qui éclata tout à fait lorsque
quelques moments après, m'adressant au pécheur
qui prétendait mériter le salut par des œuvres, je
m'écriai : Cherche donc encore pécheur qui t'éloigne
de Christ, cherche autour de toi, cherche en toi-
même, ne te lasse point, je t'attends. Fouille et
refouille tout ton être! Qui trouves-tu, dis! Qu'as-tu
qui puisse être offert à Dieu? Ton corps est souillé,
ton cœur est au monde, ton âme a péché. Qu'as-tu
donc..., réponds devant Dieu qui remplit ce lieu-ci
de sa présence, qu'as-tu que tu aies à donner pour
le prix de ton âme? Misérable! C'est de l'or et de
l'argent éprouvés par le feu du sanctuaire que ton
Dieu te demande, et tu n'as en toi qu'un alliage
impur, et toutes tes justices ne sont, dit un grand

prophète, que comme le linge le plus souillé[1]. »

En méditant ces lignes, on se trouve en présence d'un orateur qui a compris sa mission; il prêche non pour plaire à ses auditeurs, mais dans le but de les convaincre de leurs misères morales et de leur néant devant Dieu. Nous devions citer un fragment de ce discours que l'on peut comparer à certaines prédications de Spurgeon : même hardiesse, même amour des âmes, même certitude dans les affirmations. Depuis plus d'un siècle, l'Évangile n'avait pas été annoncé d'une manière si nette dans les chaires de Genève.

La plus grande partie des auditeurs de Malan fut indignée de ce qu'un jeune pasteur osât prêcher des doctrines nouvelles avec tant d'ardeur. Le lendemain, le pasteur Chenevière vint de la part de la Compagnie prier Malan de changer sa doctrine, vu le danger qu'il y avait à prêcher que les bonnes œuvres ne sont pas nécessaires à l'acquisition du salut. Malgré ces objections, le futur directeur de l'Église du témoignage resta fidèle à l'Église nationale jusqu'en 1823, époque de sa destitution.

La Compagnie, effrayée par la hardiesse avec laquelle les partisans de la nouvelle doctrine exposaient leurs convictions, publia en 1817 le fameux règlement connu sous le nom de « Règlement du 3 mai ». Celui-ci devait être signé par chaque proposant et fut imposé à tous les pasteurs en fonction. Voici la teneur de ce décret : « Nous promettons de nous abstenir, tant que nous résiderons et que nous prêcherons dans les Églises du canton de Genève, d'éta-

1. *Vie de César Malan*, p. 56.

blir soit par un discours entier, soit par une partie de discours dirigé vers ce but, notre opinion :

« 1° Sur la manière dont la nature divine est unie à la personne de Jésus-Christ;

« 2° Sur le péché originel;

« 3° Sur la manière dont la grâce opère ou sur la grâce efficiente;

« 4° Sur la prédestination.

« Nous promettons aussi de ne point combattre, dans les discours publics, l'opinion de quelques pasteurs ou ministres sur ces matières. Enfin nous nous engageons, si nous sommes conduits à émettre notre pensée sur l'un de ces sujets, à le faire sans abonder dans notre sens en évitant les expressions étrangères aux saintes Écritures et en nous servant autant que possible des termes qu'elles emploient[1]. » En publiant ce règlement, quel était le but de la Compagnie? Elle possédait une grande autorité, elle voulait la maintenir à tout prix. Si elle avait laissé prêcher aux pasteurs les nouvelles doctrines dans les temples de la ville et de la campagne, elles pénétraient du même coup dans la Faculté de théologie. La plupart des étudiants auraient accepté avec enthousiasme la nomination d'un professeur orthodoxe. En moins de quelques années, les novateurs auraient accaparé toute l'influence, un bouleversement éclaterait dans l'Église. Nous devons noter que la Compagnie se sentait appuyée par le plus grand nombre des citoyens, par certains membres des conseils de la République. Si le peuple de Genève s'était montré

---

1. Chenevière, *Précis*, p. 22.

sympathique aux idées nouvelles, aux réunions privées, aux visites des Wilcox, des Haldane, le règlement du 3 mai n'aurait pas été publié, tout au moins certaines expressions auraient été adoucies.

La vénérable Compagnie ne voulait pas comprendre que les disciples de Haldane n'avaient pas pour but d'exposer leurs idées particulières, de mettre l'homme en évidence. Ils avaient saisi la vie nouvelle contenue dans les Écritures, un seul désir remplissait leur cœur : prêcher cette vie nouvelle, ramener les membres de l'Église de Genève à l'étude de la Bible. Examinons sans parti-pris ce règlement. Le point décisif du débat était la divinité de Jésus-Christ. Sans doute on avait désigné le prophète de Nazareth par le titre d'Être divin. Il n'y avait pas de terme moins compromettant pour la Compagnie que celui-là ; l'homme est aussi un être divin, puisque son âme a été créée à l'image de Dieu. Si quelqu'un avait touché aux Écritures, la Compagnie l'aurait arrêté, mais ces Écritures étaient lettre morte, puisque sur une question capitale « la divinité du Sauveur » on n'osait pas affirmer avec Jean, que Jésus était le Fils éternel de Dieu, la parole faite chair, avec Paul, Dieu béni éternellement. La Compagnie était arienne, socinienne. On croyait à la grâce de Dieu, mais on ajoutait que l'homme peut mériter cette grâce. Pour les orthodoxes, le salut était un don de Dieu, une grâce émanant de sa libre volonté. Leur prédication était scripturaire, celle des membres de la Compagnie anti-scripturaire. L'entente était donc impossible, un seul moyen existait pour sortir de ce conflit : *la dissidence*.

Le 18 mai 1817, Guers, Gonthier, Pyt posaient les bases d'une communauté indépendante. Le 23 août, les membres de cette association, peu nombreux encore, se séparaient définitivement de l'Église nationale, et pour la première fois, le 5 octobre, la petite Église prenait la Cène dans son local de la Tête Noire[1].

« La petite Église, c'était bien le nom qui lui appartenait, petite par le nombre de ses membres, elle l'était aussi par leur position sociale, elle ne renfermait que des petits selon le monde. Paul disait aux Corinthiens : Il n'y a pas beaucoup de puissants ni beaucoup de nobles parmi vous, nous n'aurions pas même pu le dire à nos frères, il n'y avait parmi nous ni puissants, ni nobles, mais le Seigneur lui-même était notre noblesse. Et sa joie était notre force. Temps heureux dont le souvenir nous émeut en même temps qu'il nous humilie. La foi opérait par l'amour. On marchait dans la crainte du Seigneur et l'on jouissait de la consolation du Saint-Esprit. L'Évangile faisait chaque semaine de nouvelles conquêtes. La petite Église n'avait pas de règlements écrits ; elle allait au jour le jour, sans route tracée d'avance, sans autre règle que la parole de Dieu, sans autre guide dans son explication que l'esprit qui l'a inspirée et qui par elle conduit dans toute la vérité ceux qui s'abandonnent à sa direction[2]. »

Mejanel fut le premier pasteur de l'Église indépendante ; mais comme ses prédications ne satisfaisaient

1. Ce local était situé à la Croix d'or, l'une des rues les plus centrales de Genève.

2. Guers, *Le premier Réveil*, p. 109.

pas la plus grande partie des frères, un appel fut
adressé à Empeytaz, qui venait de quitter la baronne
de Krüdener. Après un essai d'un an, les membres
l'élirent définitivement pasteur de la communauté de
la Tête Noire. Quelques mois plus tard, les services
eurent lieu au Bourg-de-Four; dès lors, l'assemblée
dissidente fut désignée par cette appellation : « Église
du Bourg-de-Four ou la petite Église. »

Outre les réunions ordinaires, plusieurs eurent
lieu dans divers quartiers de la ville. On ouvrit
aussi une salle de culte à Ferney-Voltaire. De tels
événements ne pouvaient passer inaperçus dans Genève. L'opposition s'accrut de jour en jour, les persécutions commencèrent. L'homme dont nous allons
parler entraîna la communauté nouvelle dans une
voie qui aurait pu la conduire à sa ruine, si l'auteur
de toutes les délivrances n'avait eu constamment son
bras étendu pour la secourir. Drummond, riche Anglais, s'était fixé à Genève peu avant le départ de
Haldane. Homme pieux, zélé pour la cause de son
Maître, il ne possédait pas le tact nécessaire pour
travailler à l'avancement du règne de Dieu dans
Genève. Les habitants de la cité de Calvin sont très
susceptibles; si par malheur quelqu'un devient leur
ennemi, ils n'ont plus ni trêve, ni repos qu'il soit
terrassé.

Drummond alla trop loin, soit dans ses paroles,
soit dans ses écrits. Dans une de ses publications, il
prend à partie la Compagnie et s'exprime en des termes
dans lesquels l'esprit évangélique n'abonde pas :
« Ceux qui professent la divinité de Jésus-Christ
tiennent les ariens pour des blasphémateurs; il est

inévitable que les ariens, de leur côté, regardent les orthodoxes comme des idolâtres. » Aussi, forcé de quitter Genève, il se transporta à Ferney, d'où il put avoir de nombreux rapports avec les dissidents.

Le 12 septembre 1817, un article du *Journal du Commerce* attaque les membres de la communauté indépendante et tout spécialement Drummond : « La secte des méthodistes, encouragée de diverses manières par le sieur Drummond, riche gentleman anglais, se grossit et prend chaque jour plus de consistance. De l'hôtel de Sécheron, dont il a fait leur quartier général, ils correspondent avec les Églises réformées de Suisse, du Piémont et du midi de la France, pour les encourager à souscrire pour leur nouvelle traduction de la Bible et leur réimpression de Calvin[1]. »

Cet article est rapporté par le petit volume intitulé : *Histoire véritable des Momiers de Genève.* L'auteur paraît être un partisan du Réveil ; mais, après avoir lu attentivement cette brochure, nous sommes arrivés à la conviction que ces pages n'ont pu être écrites que par un prêtre habile. Le style, les expressions, les tournures de phrases indiquent un auteur catholique. Nous ne pouvons mieux faire que de renvoyer à l'introduction de cette publication pour justifier notre opinion. Les catholiques, du reste, firent tous leurs efforts, pour profiter des dissensions qui éclatèrent dans le camp réformé. En bons jésuites ils se déclarèrent partisans du Réveil, pensant reconquérir leur suprématie en combattant l'Église natio-

---

1. *Histoire véritable des momiers de Genève*, p. 29.

nale. Le peuple était exaspéré de voir les catholiques prendre la défense des dissidents. Nous découvrons dans ce fait l'origine de la haine qui a existé depuis plus d'un demi-siècle contre l'Église séparée. Actuellement encore, le peuple qualifie de momiers les membres de l'Église libre[1].

Au commencement du Réveil, il parut souvent, sous le voile de l'anonyme, de nombreux écrits dans lesquels on blâmait la tyrannie dont les dissidents étaient les victimes et où, en louant leur piété et leur caractère inoffensif, on faisait grand bruit de la manière dont le clergé genevois s'était éloigné de la vérité chrétienne. Ces traités firent beaucoup de mal au Réveil; le but de leurs auteurs est moins de prendre parti pour l'Évangile que de saper par la base l'autorité de la Compagnie. L'Évangile était prêché sans bruit; malgré cela, ses ennemis trouvèrent le moyen de semer l'ivraie parmi le bon grain.

L'opposition ne tarda pas à se manifester soit dans la presse, soit dans la rue. Les journaux publiaient chaque jour des articles dans lesquels on répandait les bruits les plus faux sur les réunions des frères et sur la doctrine du Réveil. Les assemblées avaient généralement lieu après le coucher du soleil; la moralité de ceux qui y assistaient fut attaquée. Le *Journal des Débats* de janvier 1818 contient à l'adresse des membres de la communauté indépendante les lignes suivantes : *Genève, 24 janvier*. « Une nouvelle secte de puritains tient ici des assemblées

1. Le mot a été appliqué par le chansonnier Chaponnière, l'auteur de *Il fallait ça ou le barbier optimiste...*

sous la présidence de M. Empeytaz, étudiant en théologie, que le clergé de cette ville a déclaré indigne d'occuper une place ecclésiastique; ces réunions ont lieu dans une salle de l'Écu de France. Là se rassemblent une fois par semaine cinquante personnes, souvent davantage, principalement beaucoup de femmes âgées. La police qui surveille avec soin ces assemblées, a fait signifier qu'on les défendrait aussitôt qu'il s'y passerait quelque chose d'inconvenant. C'est la seule mesure que le gouvernement ait jugé à propos de prendre dans les circonstances présentes. Quelques-uns de ces puritains, qui n'ont pas encore rompu à l'extérieur avec le clergé, continuent de travailer pour faire adopter un projet qui contient les principaux articles de foi. Le fondement de cette doctrine est une espèce de mahométisme modéré et mélangé avec plusieurs choses empruntées des méthodistes anglais et des quiétistes allemands[1]. »

Lorsque les chaires du canton furent interdites à Malan, celui-ci alla présider le culte de Ferney. La feuille d'avis du 7 octobre 1818 publia l'article suivant : « Dimanche prochain, à Ferney-Voltaire, la troupe des momiers; sous la direction du sieur Régentin (M. Malan, ministre et régent au collège de Genève), continuera ses exercices de fantasmagories, jongleries et tours de force simples. Le paillasse noir contribuera par ses lazzis à faire rire ses auditeurs. On trouvera des billets d'entrée près des bureaux de la loterie[2]. »

1. Guers, *Le premier Réveil*, p. 129.
2. *Histoire véritable des momiers de Genève*, p. 1.

Des paroles, la populace en vint aux faits; aux railleries, aux moqueries, aux calomnies succédèrent les coups. Le tumulte croissait de plus en plus; le gouvernement dut convoquer deux compagnies de la milice. Un des sergents, Félix Neff, le futur évangéliste, conduisait sa compagnie au lieu du tumulte; plantant son sabre dans le sol, il s'écria : « Je le plongerai dans le cœur de celui qui soutiendra ses misérables. » « Huit jours après, ajoute Guers, ce nouveau Saul était dans le cabinet de mon père, alors libraire à la cité, il nous disait : « Messieurs, je « vous ai méconnus, maintenant je suis des vôtres. »

Le gouvernement fit tout pour que la paix de la cité ne fut pas troublée et la liberté de conscience respectée. Les membres de la communauté du Bourg-de-Four publièrent alors une apologie dont le préambule décrit admirablement la situation en retraçant l'histoire des tristes journées qu'ils eurent à traverser : « Réunis en Église depuis un an environ, nous avions jusqu'ici, par la protectiou de Dieu, joui d'une assez grande tranquillité, lorsque le jeudi et le vendredi 3 juillet, nous avons eu à essuyer, à l'occasion d'un changement de local, divers outrages qui ont été répétés jusqu'au lundi 7 du même mois et même quelques jours après. Des enfants d'abord, puis des jeunes gens et enfin des hommes faits, attroupés devant le lieu de nos assemblées, ont troublé notre culte par des huées et des clameurs injurieuses, au milieu desquelles nous n'avons pu sans douleur entendre ces paroles déplorables : A bas Jésus-Christ! A bas les moraves! A mort! A la lanterne! et nous ont accueillis à notre sortie avec de semblables vociférations. Mais notre silence au milieu de toutes les insultes ne les satisfaisait point; ils n'en sont pas restés là : menaces, malédictions, coups de pierres, poursuites dans les rues, violation de domicile, voilà ce que nous avons eu à souffrir. Et sans la protection de Dieu et les soins de la justice, il y aurait eu des scènes encore plus funestes. La personne chez qui nous nous assemblons a momentanément abandonné pour la nuit sa demeure et nous avons interrompu nos réunions[1]. »

Nous devons rendre justice au gouvernement qui fit tout pour maintenir la paix. Dans le Conseil d'État, il y avait un certain nombre d'hommes fortement décidés à faire respecter la liberté religieuse, entre autres Calandrini. Après quelques mois d'effervescence, le calme se rétablit. La petite Église put poursuivre l'œuvre qu'elle avait commencée : rendre témoignage dans Genève à la doctrine évangélique. L'attention se détourna d'elle; après l'avoir persécutée, on la méconnut. L'homme sur lequel se fixèrent les regards fut César Malan.

Né à Genève en 1787, il passa toute sa vie dans sa patrie. Il suivit les cours de théologie et fut consacré au mois d'octobre 1810. En 1809, à la suite de brillants examens, Malan était nommé régent de la cinquième classe du Collège. Dans cette place, qu'il remplit pendant 9 ans, il s'attira l'approbation et l'éloge de ses supérieurs. Mais il avait le grand tort d'être attaché aux vérités évangéliques, ceci devait lui porter préjudice. La Compagnie le considèrera un jour comme un ennemi de l'Église nationale et l'en

1. Guers, *Le premier Réveil*, p. 141.

chassera. Nous avons déjà parlé d'un sermon qui fit grand bruit, et après lequel Malan reçut de sévères avertissements de la Compagnie. La paix s'était faite; pour y mettre le sceau, le jeune prédicateur signa le règlement du 3 mai; tout paraissait être pour le mieux.

Un sermon sur Jacques ii, 14 : « Que servirait-il à un homme de dire qu'il a la foi s'il n'a pas les œuvres » ouvrit de nouveau la lutte. Dans ce discours, Malan observe parfaitement l'engagement qu'il avait pris; il reste fidèle au règlement, la Compagnie ne pouvait donc pas l'attaquer sur ce point. Mais il avait trop précisé les questions, son tort était d'avoir trop nettement affirmé quelle est la foi qui sauve, la nécessité des bonnes œuvres pour le racheté de Jésus-Christ, la nullité des œuvres pour celui qui n'a pas goûté l'efficace de la grâce. La Compagnie lui interdit toutes les chaires, et, dès ce moment, fit tous ses efforts pour le faire destituer de sa place de régent, malgré les succès qu'il avait obtenus et qu'il obtenait chaque jour. Malan avait pris certaines libertés qu'elle ne pouvait tolérer. Il devait enseigner aux enfants le catéchisme. Le recueil dont les instituteurs et les pasteurs se servaient était le catéchisme publié en 1788, dans lequel les vérités fondamentales de l'Évangile n'étaient pas renfermées. Quand Malan arrivait aux paragraphes faisant allusion à la divinité de Jésus-Christ, à la prédestination, au salut par grâce, paragraphes très courts et très embrouillés, il substituait au catéchisme ses propres développements.

La Compagnie, après avoir supporté cette manière d'agir pendant quelque temps, prononça la destitution de Malan et la fit sanctionner par le Conseil d'État le 6 novembre 1817. On lui reprochait trois choses : d'avoir modifié l'enseignement du catéchisme, d'avoir introduit dans sa classe un petit traité de morale et de se servir de la Bible dans les leçons de religion. Malan continua à exposer la parole de Dieu dans son domicile, mais il n'avait aucunement la pensée de se séparer de l'Église nationale. Il aimait son Église; son plus grand bonheur aurait été d'y annoncer la vérité, mais toute la vérité. La Compagnie ne pouvait comprendre qu'un pasteur eût de tels sentiments; il fallait se soumettre au règlement. Quatre fois, Malan demanda à ce corps de lui rendre l'usage des chaires, mais il ne reçut jamais de réponse. Il fit alors construire, avec le concours de quelques amis anglais, une chapelle dont l'inauguration eut lieu le 8 octobre 1820 et qui fut connue sous le nom d'Église du Témoignage.

L'assemblée devenant de plus en plus nombreuse, Malan remplit toutes les fonctions du ministère. Dans plusieurs brochures, il montre que seule la question de doctrine l'avait amené à prendre de telles déterminations, tandis qu'il avait été désigné comme l'ennemi de l'Église nationale. En juillet 1823 la Compagnie le déclara déchu du ministère ecclésiastique. Malan continua son œuvre et se rattacha à l'Église presbytérienne d'Écosse...

Il nous reste à examiner brièvement la conduite de ce serviteur de Dieu, ou plutôt, à tirer simplement la conséquence des faits que nous avons exposés. Nous lui donnons entièrement raison. Il aimait son église, mais il ne pouvait en rester membre qu'en faisant le sacrifice de sa foi. Il ne voulut pas le faire, la Compagnie prononça sa destitution. Celle-ci, dans cette circonstance manqua, non seulement de justice et d'habileté, mais, comme on le lui répéta de toutes parts, elle s'est trouvée dans son opposition au Réveil avoir fait la guerre à Dieu. « La vie de Malan tout entière et spécialement ses débats avec la Compagnie des pasteurs de Genève sont incontestablement au nombre de ces faits en face desquels chacun est forcé ou de fermer volontairement les yeux ou de se décider franchement devant une alternative qui consiste à choisir entre la gloire qui vient des hommes et celle qui vient de Dieu seul ; en face desquels chacun se trouve appelé à prendre parti entre les préjugés d'un monde, qui, même lorsqu'il se donne pour un monde religieux et chrétien ignore cependant trop souvent les droits de la foi et que ces droits importunent, et la décision de ceux qui sont arrivés à préférer à toutes choses, à l'opinion et à l'approbation même de ce monde-là, ce qui, il y a deux mille ans, s'appelait en face des justes, des dévots et des docteurs d'alors : l'opprobre de notre Seigneur Jésus-Christ[1]. »

Deux communautés indépendantes existent donc à Genève à l'époque où nous sommes parvenus, c'est-à-dire en 1823 : l'Église du Bourg-de-Four, composée des membres de la première dissidence ; celle du Témoignage, fondée par César Malan. La première avait joué son rôle extérieur, elle pouvait poursuivre son œuvre dans le calme ; la seconde fut considérée comme un adversaire puissant de l'Église nationale.

1. *Vie de C. Malan,* p. 122.

Avant de terminer la première partie de ce travail, caractérisons le mouvement religieux dont nous avons esquissé les principaux faits.

Organisation des églises. — Le Réveil fut un retour à la doctrine et par là un retour à la vie religieuse individuelle. L'Église du Bourg-de-Four, comme celle du Témoignage, posèrent ce principe : Pour être un racheté de Jésus-Christ, il ne suffit pas d'accepter telle ou telle doctrine, de faire partie de telle ou telle association, il faut avoir senti sa misère morale, s'être écrié comme Luther : « Mon Dieu, mes péchés, mes péchés »; avoir goûté l'efficace de la grâce. Il fallait avoir passé par la conversion pour être reçu membre de ces églises, c'était la conséquence du principe sur lequel elles reposaient : séparation des croyants d'avec le monde. Ce principe, posé par le Sauveur, doit être conservé; mais poussé trop loin il conduit à l'exclusivisme. Si les fondateurs des communautés dissidentes se sont efforcés de faire une juste application de cette règle, tel n'a pas toujours été le cas pour leurs successeurs.

Les membres de la communauté du Bourg-de-Four furent d'accord pour organiser l'Église d'après ces deux principes : 1° séparation entre l'Église et le monde, entre les enfants de Dieu et les incrédules; 2° L'arrangement de l'Église d'après la lettre de la parole de Dieu : son organisation sur le modèle des églises apostoliques. Ce n'était point un simple retour aux principes de la Réformation, comme l'affirment quelques-uns : « Retourner à Calvin, après être tombé si bas, c'eût été fort beau; mais ce qui valait mieux, c'était de faire ce qu'avait fait Calvin, c'était de retourner à Jésus-Christ et aux apôtres et d'y retourner pour toutes choses[1]. » Là était l'erreur. Sans doute, les Épîtres donnent certains conseils, certaines directions pour l'organisation d'une assemblée religieuse, mais nous n'y trouvons pas une église qui puisse servir de modèle à toutes les congrégations. L'Église du Bourg-de-Four avait pris pour règle la parole de Dieu, elle avait raison ; mais dans l'Écriture il y a certains conseils qui ont une valeur temporaire et locale, elle en faisait une loi, imposée à toutes les églises. Aussi ne nous étonnons pas que bien des discussions aient eu lieu dans le sein de cette communauté, malgré les bonnes intentions dont ses membres étaient animés.

Les membres de l'Église partageaient tous ce principe qu'on ne devait pas participer à la Cène dans les églises de multitude. Voici une déclaration contenue dans les archives de l'Église dont on donna lecture en 1817 : « Qui sont ceux qui doivent être regardés comme membres de l'Église de Christ ? Et en particulier qui sont ceux que nous devons recevoir comme membres de la nôtre ? Selon la Parole de Dieu, les membres de l'Église de Christ ne peuvent être que ceux qui, en considération de ses mérites, sont régénérés et sanctifiés par le Saint-Esprit, rachetés, sauvés par le sang de Christ. Nous avons trouvé un caractère essentiel à l'Église de Jésus et à chacun de ses membres, c'est qu'ils doivent être séparés du monde (c'est ce que signifie proprement

---

1. Guers, *Vie de Pyt*, p. 36.

le mot de sanctifié) et consacrés à Dieu. Si le Saint-Esprit défendait de manger avec quelqu'un qui se dit frère et qui est fornicateur ou avare, à plus forte raison cela doit-il avoir lieu pour la Cène du Seigneur, qui est le repas par excellence, et nous est-il expressément défendu de communier dans une église qui ne met pas en vigueur cet ordre de l'apôtre et dans laquelle presque tous ceux qui mangent le pain et boivent le vin de la Cène ne sont pas chrétiens. »

L'idéal est splendide, mais qui est en droit de se dire séparé du monde. Les principes exposés dans ces lignes conduisent les hommes à posséder cet esprit de jugement si fortement condamné par l'Évangile. L'imperfection est trop inhérente à la nature humaine pour qu'une semblable institution puisse se créer dans le monde. Le cri de tout enfant de Dieu, même dans les moments où il se sent le plus en communion avec le Père céleste, doit être celui de l'apôtre : « Misérable que je suis. » C'est dans ces sentiments d'humilité, qu'il jouit le mieux de l'assurance de son salut. Cette humilité, beaucoup de fidèles du Bourg-de-Four la possédaient, et tout particulièrement celui qui fut, pendant plus de soixante années, l'un des pasteurs de cette Église. Voici comment il décrit ces heureux temps. « Jeunes à tous égards, mais simples de cœur, ils comprirent ce que les docteurs ne comprennent pas toujours, que l'eau n'est nulle part si pure qu'à la source, et c'est aussi là que le Saint-Esprit les conduisait: Il leur avait été donné de croire à la présence du saint consolateur dans l'Église, de comprendre et de réaliser ce sacerdoce universel des chrétiens, le ministère spirituel et (laissant à Rome ce qui est à Rome) de ne vouloir d'autre robe sacerdotale que la justice du Rédempteur[1]. »

L'Église du Bourg-de-Four adopta le système congrégationaliste qui cadrait le mieux avec les idées de la plus grande partie de ses membres. Dès 1828, des relations s'établirent avec diverses communautés indépendantes et spécialement avec celle du canton de Vaud. Dans le mois de novembre de cette même année, il y eut une conférence entre les députés des églises indépendantes de la Suisse : les réunions ne pouvaient prendre des décisions devant être acceptées par les églises, puisqu'on commença par poser l'indépendance et l'individualité de chaque association !

L'Église du docteur César Malan avait des bases toutes différentes. Le fondateur de la communauté du Témoignage était très calviniste, il appuyait avec beaucoup de force sur la doctrine de l'élection. L'origine du salut n'est pas dans un décret éternel de la miséricorde divine; l'acte de l'élection se reporte sur chaque individu. De là, le particularisme qui caractérise Malan et que l'on aperçoit dans la plupart de ses écrits. Dans l'Église du Bourg-de-Four, les questions ecclésiastiques préoccupaient surtout les esprits; dans celle du Témoignage, ce furent les questions dogmatiques. Malan ne craignait pas d'affirmer que Dieu fait miséricorde à qui il fait miséricorde. Le salut est un don de la libre et souveraine grâce de Dieu. Il alla jusqu'à prononcer cette parole : « Le sang de Christ n'a pas été répandu pour le monde entier, mais

1. Guers, *Vie de Pyt*, p. 37.

pour les élus. » Dans un traité intitulé *Le libre arbi-
tre d'un mort*, il affirme que si Dieu offrait le salut à
tous et qu'il fut au pouvoir de l'homme de l'accepter
ou de le refuser, la grâce ne serait plus une grâce. Il
fait de l'homme un être complètement passif, il mé-
connaît ce qui fait de tout individu un être moral : la
liberté.

Il est dangereux de s'appuyer sur une seule parole
de l'Écriture pour y fonder un système ; en suivant
cette méthode, tous les passages qui modifient les
idées énoncées sont écartés. Le Sauveur a toujours
respecté la liberté morale de ses auditeurs. « Venez à
moi, leur disait-il ; convertissez-vous. » Un jour,
s'adressant aux juifs, il les censurait en ces termes :
« Vous ne voulez pas venir à moi pour avoir la vie. »
Malan, à notre avis, aurait dû tenir un peu plus
compte de ces déclarations.

Quant à l'ecclésiologie, il faisait la distinction entre
l'Église visible et l'Église invisible, entre l'Église des
élus et celle des appelés. Pour lui, le critère d'une
association est la prédication de la pure doctrine.

Donc, d'un côté, le congrégationalisme du Bourg-
de-Four qui posait que l'Église était dirigée par le
troupeau, les pasteurs n'étant que les *primi inter
pares* ; de l'autre, le presbytérianisme du *Pré-
l'Évêque*[1] affirmant que l'Église doit être gouvernée
par le pasteur et le presbytère. L'Église du Bourg-
de-Four fut une démocratie qui risqua souvent de
tomber dans l'anarchie ; celle du Témoignage se trans-
forma bientôt en monarchie absolue, son pasteur

1. Pré-l'Évêque. autre nom de la chapelle de Malan.

réclamant des membres et du presbytère une obéissance entière dans les affaires ecclésiastiques.

En 1830, Malan demanda un vote de confiance absolu, quant à sa doctrine; soixante membres quittèrent l'Église du Témoignage et se joignirent à celle du Bourg-de-Four. Cet échec fut le coup de mort de l'Église de Malan, qui ne conserva dès lors qu'un nombre fort restreint d'auditeurs.

Les œuvres d'évangélisation. — Le Réveil se caractérise surtout par ses œuvres d'évangélisation. La bonne nouvelle se répandit d'abord dans le canton de Genève; ce champ d'activité devenant trop petit, les évangélistes se dirigèrent dans d'autres parties de la Suisse, puis en France. Les trois principaux ouvriers qui se mirent au service de la *Société continentale de Londres*[1] furent Henri Pyt, Félix Neff, Ami Bost. L'évangélisation, affaire toute personnelle à son début, devint bien vite l'œuvre de plusieurs sociétés. En 1829, l'Église indépendante de Genève fondait un institut dans le but de former des instituteurs évangélistes. Pour entretenir ces œuvres, il fallait des fonds assez considérables. Longtemps les évangélistes furent à la charge des chrétiens anglais. De là cette accusation souvent lancée aux partisans du Réveil : le mouvement religieux qui a éclaté à Genève au commencement du XIXe siècle a été une affaire anglaise. A cette objection, nous n'avons

1. La Société continentale de Londres, qui s'occupait d'évangélisation, se mit en rapport avec Genève dès les premiers symptômes du mouvement religieux.

qu'une chose à répondre : c'est que Dieu emploie qui bon lui semble, et que pour accomplir son œuvre, il n'avait pas à attendre que les membres de l'Église de Genève veuillent bien y concourir.

L'Église de Genève comprit plus tard son devoir. Ses œuvres ne sont plus soutenues par les chrétiens étrangers; mieux encore, elle a appris à s'occuper des pays plongés dans les ténèbres de l'ignorance et de l'erreur, elle a saisi cet appel de l'Apôtre : « Réveille-toi, toi qui dors et le Seigneur t'éclairera ». Du reste, le besoin de posséder une société d'évangélisation ayant son siège à Genève, dont les frais seraient couverts par les Genevois, se fit bientôt sentir. C'est à ce besoin qu'il faut attribuer la fondation de la Société évangélique.

L'évangélisation accomplie par les ouvriers des Églises séparées de Genève est remarquable. Jamais les vues séparatistes ne furent exposées par eux; ils eurent bien des difficultés à vaincre, bien des ennemis à terrasser, mais il est à noter que les pasteurs de l'Église réformée de France les reçurent avec une grande bienveillance. Dans leurs travaux, ils n'ont pas été préoccupés par la pensée de fonder des associations indépendantes, mais de travailler au Réveil des Églises nationales.

Neff déploya pendant plusieurs années son activité dans l'Église de Mens (Isère) où il eut la joie de voir éclater un splendide réveil; il n'eut pas l'idée d'y fonder une communauté indépendante, il avait devant lui ce seul but : « Amener des âmes à la vérité. » Les évangélistes mettaient de côté les questions dogmatiques et se bornaient à prêcher Christ

et Christ crucifié, seul moyen de salut pour le pécheur.

Neff surtout comprit qu'il fallait arriver au point
fondamental : Jésus-Christ. Sans doute il ne négli-
geait pas le dogme, il s'y tenait attaché de toute sa
force, mais avait horreur de cet intellectualisme qui
ne peut jamais communiquer la vie à l'âme. Son but
était celui des Apôtres : mettre les âmes en contact
avec la personne du Sauveur. « Redoutant les extrêmes, je suis arminien parce que la plupart d'entre
vous sont trop calvinistes. Je serai calviniste, au con-
traire, si vous étiez arminiens. Il me semble impossible d'encadrer les doctrines évangéliques sans
s'exposer à mutiler et à tordre les écritures, vu que
l'Arminien et le Calviniste trouvent également dans
les livres saints de quoi établir, en apparence, victo-
rieusement leur système. Je crois peu sage à l'homme
de décider avec la même vérité, tantôt que je crois,
tantôt que je ne crois pas, à la prédestination. »

« Je reconnais qu'elle est enseignée en plusieurs
endroits dans la Bible, mais comme je vois les livres
saints s'exprimer dans une multitude d'autres passages comme si cette doctrine n'existait pas, je me
crois autorisé à en faire autant toutes les fois que cela
ne me paraît pas nécessaire et je ne puis approuver
ceux qui en font un article essentiel de notre foi et
qui insistent là dessus en temps et hors de temps en
font une pierre d'achoppement pour la très grande
majorité des âmes[1]. »

Pyt travailla avec les mêmes sentiments. Le 23 dé-

1. *Genève religieuse*, p. 331.

cembre 1821, la Chapelle de Bayonne fut inaugurée en présence du Président du Consistoire d'Orthez. Un mois plus tard, Pyt écrivait à ses amis de Genève : « Pour réussir en France, il faut se soumettre aux formes religieuses établies, mais à Dieu ne plaise que je modifie ma prédication. Non, moyennant la grâce du Seigneur et le secours de son Esprit, je continuerai à prêcher Christ crucifié constamment et uniquement ; je le montrerai comme le seul asile du pécheur, mais je tairai mes opinions, quand elles ne porteront que sur la discipline parce que je ne me considère pas comme envoyé pour rétablir la forme pure et apostolique de l'église, mais pour poser de nouveau le fondement qui a été renversé[1]. »

L'évangéliste se considérait comme un véritable missionnaire, qu'il travaillât au milieu des catholiques ou parmi les protestants. Sa tâche était d'annoncer le salut du pécheur par la croix, sa justification par la foi seule ; cette tâche, il l'accomplissait. Peu à peu, plusieurs des évangélistes sortant de l'école du Bourg-de-Four oublièrent ces règles et mirent en évidence les principes de la dissidence et de la discipline ecclésiastique.

L'œuvre d'évangélisation est bien la partie la plus intéressante de l'histoire du Réveil. Pour l'accomplir, les chrétiens du Bourg-de-Four et ceux de l'Église du Témoignage oubliaient ce qui les séparait, et n'avaient plus qu'un seul désir, contribuer à l'avancement du règne de Dieu dans les âmes.

Le Réveil eut aussi une excellente influence sur

1. *Vie de Pyt,* p. 142.

l'Église nationale; cette influence se fit surtout sentir après la fondation de la Société évangélique. Plusieurs pasteurs fondaient déjà en 1821 une Société de Mission et se rattachèrent aux doctrines évangéliques; il faut citer les noms de Coulin, chapelain de l'hôpital, et de Diodati. En 1824, on créa à la Faculté de théologie une chaire honoraire de critique biblique; occupée d'abord par Munier, elle fut bientôt définitivement constituée et confiée à Cellérier fils, Munier ayant obtenu celle de l'Ancien Testament.

La Compagnie eut de la peine à tolérer dans Genève deux églises indépendantes. La dernière lutte que nous mentionnerons est celle qui éclata en 1825. Une prédication de Cheyssière, pasteur de Ferney, sur l'esprit de secte en fut le signal. Ce sermon, prêché quatre fois dans les temples de Genève, est une attaque ouverte contre l'activité du Réveil. Après avoir reproché aux sectaires de Genève de manquer de charité, il dit : « L'entendez-vous, sectaires, si vous voulez prêcher l'Évangile dans une langue que toutes les âmes comprennent, que tous les peuples entendent, si vous voulez obtenir des succès prodigieux, faire des conversions innombrables et tirer comme Jésus tous les hommes après vous, formez une sainte association d'âmes embrasées par le feu de charité et qui ne se distingue point par la singularité de leurs maximes, l'intolérance de leurs dogmes, mais par un zèle infatigable pour le soulagement de l'humanité souffrante. Que vous dirai-je enfin? Si ces œuvres de charité, si ces fonctions si touchantes n'offrent pas un aliment suffisant, ni un champ assez vaste à votre inquiète activité, si le zèle des conversions vous ronge et vous dévore, allez vers les peuples sauvages qui marchent dans les ténèbres de l'ombre de la mort sans Dieu, sans consolation, sans espérance au monde; allez vers les brebis qui n'ont point de pasteur. Si vous êtes des apôtres de Christ, étendez son empire au lieu de le troubler, travaillez à fonder de nouvelles Églises et ne détruisez pas les anciennes, car c'est le triste fruit des dissensions religieuses, comme vous allez le voir... »

Bost répondit personnellement à ce sermon par sa défense des fidèles de Genève, s'appuyant sur une publication de Benédict Pictet, extrait de théologie intitulé : « *Séparation* », il montre que la communauté indépendante n'est pas une secte, sa séparation est parfaitement justifiée. « Lorqu'un grand nombre de personnes, tant ecclésiastiques que laïques, se séparèrent de ceux qui niaient la divinité de notre Sauveur et qui s'étaient rendus maîtres des Synodes et des Églises, ils ne firent point un schisme. » Pictet traite d'absurde la seule pensée de rester en communion avec des hommes qui falsifient la foi. « Quoi donc? Si l'Église embrassait les sentiments de Mahomét ou les erreurs des sociniens, il faudrait s'y tenir? Quelle proposition! La vérité doit toujours être préférée à l'unité. Quand une Église a des erreurs mortelles, on peut et on doit s'en séparer pour se joindre même à une petite société qui serait pure. »

Bost démontre dans son écrit que l'Église de Genève et la Compagnie se sont détournées des vérités évangéliques, et que tout vrai fidèle a le droit de se séparer de l'Église nationale. Accusé d'avoir calomnié un corps officiel, il comparut deux fois devant les tribunaux et fut acquitté. Depuis ce moment, on vit d'un autre œil ces momiers auxquels on n'avait temoigné que du mépris et contre lesquels on avait excité le peuple de Genève.

En terminant cette première partie de notre travail, nous ne saurions mieux faire que citer les lignes suivantes empruntées au baron de Goltz : « Tout ce qui plus tard a été accompli dans de grandes proportions à Genève, soit par l'Église nationale, soit par la Société évangélique, avait eu ses premiers commencements et avait fait ses essais dans l'église du Bourg-de-Four. Son évangélisation parmi les protestants et les catholiques, ainsi que son colportage passa plus tard aux mains de la Société évangélique. L'Institut du Bourg-de-Four fut la préparation de l'École de théologie de l'Oratoire. L'introduction du cantique dans l'Église, les assemblées de prières, la part accordée aux laïques dans le gouvernement de l'Église et dans l'exercice du culte public, tout cela avait d'abord été mis en œuvre dans le sein des Églises séparées. Les Écoles du dimanche, les journaux religieux, les traités, la nouvelle traduction des Écritures y ont aussi eu leur premier point de départ. Et non seulement il sera vrai de dire que, grâce à la plus grande liberté qui y régnait, ce fut dans la séparation que les nouveaux moyens d'édification qui caractérisent notre époque, purent être mis tout d'abord en action, mais c'est bien dans cette sphère là qu'ils ont conquis leur droit de cité et qu'ils ont fait leurs premières armes[1].

1. *Genève religieuse*, p. 253.

DEUXIÈME PARTIE

BIOGRAPHIE DE LOUIS GAUSSEN

CHAPITRE PREMIER

JEUNESSE ET MINISTÈRE A SATIGNY

François-Samuel-Robert-Louis Gaussen naquit à
Genève le 25 août 1790. Sa famille, originaire de
Lunel, en Languedoc, avait quitté la France à la
Révocation de l'Édit de Nantes. Louis était fils de
Georges-Marc Gaussen, adjoint au Conseil des Deux-
Cents en 1791, et de Jeanne Puerari[1].

L'enfance de Gaussen n'offre rien de bien remarquable, sauf une assez grande originalité d'esprit se
montrant par mille espiègleries. Sa tendresse pour sa
mère fut un des traits dominants de son caractère, sa
sauvegarde contre les tentations de la jeunesse, jus-

---

1. La famille Gaussen arriva à Genève en 1685. Jean Gaussen était
alors accompagné de son fils Paul, âgé de 4 ans. Ce dernier fut reçu
bourgeois en 1715 avec ses trois fils, dont le cadet, David-François
Gaussen, eut deux garçons. L'un d'eux, Georges-Marc, épousa Jeanne
Puerari, originaire de Crémone (Italie).

La famille Bonpueraro fut une des premières qui vinrent d'Italie.
La bourgeoisie genevoise lui fut accordée en 1556.

qu'au jour où ce sentiment fut dominé par un autre
plus puissant encore, l'amour pour son Dieu sauveur.

Pendant ses années de collège, il ne montra pas
beaucoup d'assiduité, il était accoutumé à être parmi
les derniers de sa classe. Cette conduite affligeait
beaucoup sa mère. Il prit la résolution de rendre
heureuse celle dont les larmes agissaient plus puissamment sur son cœur et sur sa volonté, que les ré-
primandes de ses maîtres ou les succès de ses com-
pagnons. Retiré du collège par le professeur Duvil-
lard et placé sous sa direction, il devint un de ses
meilleurs élèves. Il étudiait avec passion Eschyle,
Sophocle. Rempli d'une telle ardeur pour la langue
des Hellènes, il faisait souvent un devoir trois fois
plus long pour faire plaisir à son maître.

Gaussen a été jeune dans toute la force du terme.
L'escrime, le cheval, le patinage, la danse furent les
passe-temps de cette jeunesse débordante de vie.
« Cette pétulance devint générosité d'âme, invincible
fermeté[1]. » Pendant sa jeunesse, il contracta une
habitude qu'il conserva pendant toute sa vie : renvoyer au lendemain pour accomplir ses travaux. Ce
défaut nuisit beaucoup à son activité, à sa santé et
fut une cause de beaucoup de regrets et de remords.

Depuis le 19 janvier 1800, Gaussen écrivit son
journal dont nous citerons souvent des fragments[2].
Ce document nous fait souvent assister à son déve-

---

1. *Chrétien évangélique*, 1863, p. 434.

2. Le journal de Gaussen s'arrête au 26 janvier 1825. Il est regret-
table qu'il n'ait pas continué, surtout pendant les années 1826 à 1831,
époque de ses démêlés avec la Compagnie. Ce journal est un dialogue
presque continuel.

loppement religieux; il offre plutôt un tableau de son
âme, un examen continuel de lui-même, qu'un récit
des événements de sa vie; on y rencontre, dès le début,
des sentiments élevés, mais aucune connaissance de
ces vérités évangéliques qui pénétrèrent plus tard
l'une après l'autre dans son âme sans intermédiaire
humain.

L'amour pour sa patrie et pour sa mère, l'indépendance et l'activité avec le manque de ponctualité, le
penchant à renvoyer au lendemain, l'amour du travail et celui des exercices corporels, tels sont les
principaux caractères de la jeunesse de Gaussen. La
vertu était l'objet de ses aspirations plus que la vraie
piété qu'il ne connaissait point encore, bien qu'il
suivît régulièrement le culte public. Le mercredi,
19 août 1807, il terminait son instruction religieuse.
Le pasteur Bourrit, après un entretien assez long, le
congédia en ces termes : « Que Dieu bénisse vos
bonnes dispositions, vous conserve vertueux et vous
donne tout le bonheur que je vous souhaite. » Il lui
remit le billet suivant : « Louis Gaussen a suivi
deux cours d'instruction religieuse et s'est distingué
par sa profonde assiduité, par sa constante application, faisant de bonnes analyses, sachant toujours
bien son catéchisme, fréquentant les saintes assemblées et méritant par ses progrès et sa bonne conduite
toute sorte d'encouragement. »

Toutes ces paroles partaient du cœur, ajoute
Gaussen, aussi ai-je versé des larmes : « O Dieu!
Dieu tout puissant, mais tout bon, toi que j'ai offensé
par mes froideurs à t'adorer, veuille que mes dispositions ne soient pas vaines, que je t'aime comme

mon Père et Jésus comme mon Sauveur, que je remplisse envers ma bonne mère tous les devoirs auxquels je me suis engagé; que ma conduite soit en exemple, en édification à mes frères et pour moi la route du salut. Que je m'approche de la table sacrée avec les dispositions que tu exiges ». Son journal de ce jour se termine par ces mots : « Sois vertueux[1] et mérite le nom de chrétien. »

Ces dernières lignes justifient une assertion de notre première partie : Qu'au commencement du siècle le socinianisme était la doctrine de la plupart des pasteurs de Genève. Gaussen avait fortement subi cette influence socinienne dans son instruction religieuse.

En 1809, ses études classiques achevées, il dut choisir une carrière. Il aimait la littérature, mais avait un goût tout particulier pour les sciences naturelles et les mathématiques. Nul n'aurait prédit alors ses succès dans l'éloquence de la chaire. L'art militaire avait du charme pour lui, mais la domination étrangère le lui rendait odieux. Poussé par un sentiment de généreux dévouement, il se consacra au Saint Ministère. Ses études, poursuivies avec ardeur, le firent estimer par ses professeurs et spécialement par Cellérier père, pasteur de Satigny, dont il devait être un jour le successeur.

Animé par un ardent amour filial, par un amour patriotique non moins développé, il aspirait à deve-

---

1. Ces mots, qui réjouiraient le cœur d'un pasteur chrétien, n'avaient pas dans la bouche de Gaussen un sens vraiment évangélique. L'accent était peut-être mis plutôt sur la vertu humaine que sur la grâce de Dieu accordée au pauvre pécheur par Jésus-Christ.

nir capable de servir et d'honorer son pays. L'idée qu'il pourrait contribuer à ramener des sentiments pieux dans Genève faisait vibrer toute son âme. Depuis la seconde année de ses études, des relations plus intimes s'établirent entre Cellérier et le jeune étudiant qui passait presque tous ses dimanches dans la paroisse de Satigny. Gaussen attribuait à la piété et au talent de celui qu'il appelait le saint de Satigny, les émotions saintes et profondes qui remplissaient son cœur. Par sa voix si harmonieuse (au dire de ceux qui l'ont entendu) et son style plein de charme Cellérier savait inspirer l'amour de Dieu et rendre puissantes sur les âmes les vérités les plus austères.

Gaussen lisait avec avidité les ouvrages dans lesquels l'imagination jouait le principal rôle; ces lectures eurent une grande influence sur son développement littéraire et théologique. Lorsque nous étudions ses publications, nous constatons souvent que ses explications manquent de profondeur et ne peuvent satisfaire ni la raison, ni la conscience.

L'année 1810 fut une époque de progrès; un changement complet s'opéra dans ses convictions. « Jusqu'ici, plein du désir de croire, tu pensais être parvenu à la véritable foi, tu te croyais en possession des vérités du christianisme et tu ne t'apercevais pas de la cause principale de ta désespérante tiédeur pour Jésus ! Tu ne savais pas que dans une hérétique instruction on t'avait imbu sans que tu t'en doutasses des principes sociniens. Tu sais que m'étant aperçu de ton état et de la différence qu'il y avait entre ta croyance et celle des chrétiens de tous les temps et de tous les lieux, je me suis empressé de te faire connaître les fondements des dogmes que tu rejetais. Nous avons lu les théologiens, nous avons médité sur les questions qu'ils agitaient et nous avons cru. Concentre tes pensées sur celui qui est le donateur de la foi, qui fortifie le cœur, qui dirige nos sentiers. Reconnais dans ce changement l'effet de son Esprit et le risque que tu cours, si tu négliges un si grand salut. »

Il est difficile de se faire une juste idée de l'état d'âme dans lequel se trouvait Gaussen ; il avait reçu les vérités évangéliques, il croyait à la divinité de Jésus-Christ : « Oh ! si je pouvais saisir pour un instant le grand mystère de piété, Dieu manifesté en chair ; reçu dans la gloire, mon Dieu que je serais heureux. » En vivant avec ce futur messager de la bonne nouvelle, on voit grandir en lui le sentiment du péché, la soif de la sainteté. Il considère avec sérieux et respect sa future vocation comme l'indiquent plusieurs fragments de son journal : « Ne te trompe pas Louis, je te maudis si ta piété ne surpasse pas celle des scribes et des pharisiens. Si tu fais consister ton métier dans quelque ennuyeux, ou du moins inutiles sermons que tu réciteras en chaire. Prends-y garde. » Mais, à vrai dire, il est impossible de déterminer à quelle époque s'accomplit chez Gaussen ce changement radical, ce renouvellement, qui est souvent brusque, mais qui chez lui commence dès son instruction religieuse pour ne se couronner qu'après le grand deuil dont nous parlerons plus loin, deuil qui brisa sa vie dans la seconde année de son ministère. Un trait nous montre qu'il était intérieurement hostile à l'enseignement de ses professeurs. Un jour, il préparait un plan de sermon, l'un d'eux lui recommanda de ne pas insister sur certaines doctrines, Gaussen s'écria : « Pour moi, je veux du dogme, j'en veux. »

Le 4 décembre 1812, il rendait sa troisième proposition devant les professeurs Vaucher et Duby. Elle fut acceptée, mais ceux-ci en interdirent la prédication. Cette sentence surprit tous ses camarades, mais n'étonna pas Gaussen autant qu'elle aurait semblé devoir le faire. « Je crois, dit-il, en avoir vu les motifs. J'aurais été fort humilié d'une interdiction aussi rigoureuse, si j'avais vu les étudiants éprouver en m'entendant le mécontentement qu'elle suppose. Les professeurs m'ont reproché de l'exagération, une sombre austérité. Il est vrai que l'émotion physique que j'épouve toujours malgré tous mes efforts, a pu donner à ma voix, à mon son une teinte de sévérité et de raideur qui n'était pas au même degré dans ma compositon. Il me semble, il a semblé à tous mes camarades, qu'il n'y avait pas là une cause suffisante d'interdiction. Je ne saurais attribuer leur rigueur qu'à leur antipathie pour les opinions dogmatiques dont quelques expressions de mon sermon et de ma prière leur ont semblé faire la confession. Il me semble en effet qu'il y avait quelque chose de concerté dans leur réunion et qu'ils s'étaient décidés d'avance à me défendre la prédication de mon discours pour peu qu'il manifestât mes opinions. MM. Vaucher et Duby se sont trouvés blessés de ce que je donnais à Notre Seigneur le nom de Fils éternel et M. Duby s'est étendu en reproche sur ces mots : Mais notre recours est à Jésus-Christ, nous sommes les rachetés de Jésus-Christ. »

Après cette mésaventure, Cellérier conseilla à son jeune ami la prudence, la douceur et de se contenter pour les propositions qu'il avait encore à présenter d'analyses homilétiques.

Dans une visite au professeur Duby, celui-ci montra à Gaussen l'inutilité du dogme pour appuyer la morale et l'obligation d'éviter les idées qu'on a contestées dans l'Église.

La lecture de l'*Institution chrétienne* influa beaucoup sur le développement théologique et spirituel de Gaussen. Il en est de ce livre comme des Épîtres apostoliques, on en apprécie la profondeur et la sublimité qu'après une lecture attentive et soutenue. Un vaste champ de méditation s'est ouvert à mes yeux. La grâce, le péché originel, la justification par la foi, voilà bien des vérités importantes, profondes, intimement liées soit au christianisme, soit entre elles. Je ne saurais les révoquer en doute après que j'ai reconnu la divine autorité des saintes Écritures. Pendant ses études, il conçut sa théorie du sommeil des morts. Il est frappant de constater comment cette idée s'est de plus en plus affermie chez ce théologien.

Le 10 mars 1814, Ami Bost, Louis Gaussen et quelques autres candidats au saint ministère furent admis à la consécration. Voici avec quels sentiments ce dernier se présenta devant ses frères pour recevoir l'imposition des mains. « Dieu veuille que ce jour soit un jour de bénédiction. Aide-moi, fortifie-moi, rends-moi violent, infatigable. Je me consacre à toi, je me donne tout entier à toi, je ne veux plus aimer le monde ; je veux m'attacher à Jésus-Christ, ne servir que Jésus-Christ. Veuille, Seigneur, fortifier ces

saintes dispositions dans mon cœur, veuille les y per-
pétuer et leur faire produire des fruits de vie éternelle, soit pour moi, soit pour mes frères... Si je
n'avais pas dès longtemps formé le projet de me con-
sacrer au service du Seigneur, si mon cœur n'avait
pas trouvé dans cette résolution le principe du
bonheur, je n'oserais pas me présenter aujourd'hui
avec la tiédeur de mes dispositions présentes. Mais,
Il sait bien que je n'ai jamais su voir le bonheur
pour moi que dans son service et dans son amour, il
sait bien que je veux l'aimer. Il aura pitié de ma faiblesse et sa vertu s'accomplira dans mon infirmité. O
Dieu, fais voir à mon âme toute la grandeur de cette
auguste vocation, fais sentir à mon cœur toute l'éten-
due de ton amour. »

Après sa consécration, Gaussen fut chargé des
prières publiques qui, depuis 1703, avaient pris la
place des sermons de la semaine. Au lieu de lire les
réflexions d'Osterwald, il fit des méditations soigneusement préparées. Le jeune prédicateur s'acquit bien
vite la réputation d'un orateur distingué ; ces services réunirent bientôt jusqu'à deux cents auditeurs ;
lorsqu'ils lui avaient été confiés, ils étaient presque
entièrement délaissés. Cette innovation déplut à la
Compagnie qui lui ordonna de se borner strictement
à la lecture des réflexions d'Osterwald. Pronier fait
très justement cette remarque : « Le service était
devenu un culte, il redevint une lecture ». Un pasteur si dévoué ne devait pas attendre longtemps avant
d'être appelé à diriger une paroisse.

A deux lieues de Genève, sur la rive droite du Rhône,
est situé le charmant village de Satigny. Gaussen y

fut nommé par la Compagnie le 12 avril 1816. Le
vénérable Cellérier père avait occupé ce poste pendant plus de trente ans; en 1814, il y fut remplacé
par son fils; en 1816, celui-ci, appelé au professorat,
céda la place à Gaussen. Il proncnça son premier
sermon le 19 mai. Après avoir demandé à ses paroissiens de faire sans cesse monter leurs requêtes au
trône de la grâce, afin que son ministère soit abon-
damment béni, voici comment il termine sa péroraison : « Moi aussi je prierai pour vous, mes chers
frères, et je dirai : Dieu de bonté, souverain pasteur
qui m'a placé comme une sentinelle au milieu de ces
âmes rachetées, prends-les toi-même sous ta garde,
comme au jour d'autrefois et conduis-les dans les
heureux sentiers de ta loi sainte. Que ma faiblesse et
mon impuissance n'arrêtent jamais pour eux le cours
de tes bénédictions et de tes faveurs. Veille nuit et
jour sur ses campagnes, mon Dieu, que le soleil de ta
grâce y darde ses plus doux rayons, que la rosée de
tes bénédictions y tombe avec abondance et que ton
Saint-Esprit s'y meuve comme autrefois sur le chaos
pour y porter en tous lieux la vie, le mouvement et
l'être. Qu'on y respecte et qu'on y sanctifie tes sabbats.
Qu'on y entende partout bénir ton nom saint et re-
tentir tes louanges. Que le bon ordre, l'union, l'ai-
mable simplicité, l'innocence, la sainteté, la paix, la
joie règnent dans toutes les maisons de cette paroisse.
Que l'homme de bien ne pénètre jamais dans nos
campagnes sans ouvrir son cœur aux sentiments les
plus doux, que le profane qui les traverse, craignant
d'être reconnu, retienne son souffle impur. Qu'on
dise partout d'eux : voyez-les tels que la religion les

a fait, bons maîtres, bons serviteurs, bons fils, bons
pères, bons époux, bons citoyens; voyez comme ils
sont toujours l'honneur de notre République et les
modèles de nos églises. Voyez comme ils s'aiment,
voyez comme ils sont religieux, voyez comme ils sont
unis, voyez comme ils sont heureux !

« Alors mon Dieu, veillant pour eux avec joie et
non en gémissant, je te bénirai tous les jours de ma
vie, et j'attendrai sans effroi le jour où nous devrons
rendre compte. O Dieu ! ton règne vienne et ta volonté se fasse sur la terre comme au ciel. »

Après son installation, plusieurs événements eurent
une grande influence sur lui. D'abord son mariage
avec Mlle Caroline Lullin. Pendant une année de
l'union la plus douce et la plus paisible, elle lui fit
connaître le privilège de posséder une compagne
chrétienne. Hélas ! ce bonheur ne fut pas longtemps
son partage; au bout de onze mois, Dieu lui reprenait
celle qu'Il lui avait prêtée, selon la touchante expres-
sion de Gaussen lui-même.

Le souvenir des jours qu'il avait passés avec sa
compagne dans la cure de Satigny resta toujours
gravé dans son cœur; aussi ne remplaça-t-il jamais
la femme de sa jeunesse. Cette douloureuse séparation produisit ses fruits; elle amena le jeune pasteur à
vivre dans une communion plus intime avec son Sauveur. « O mon Dieu ! écrit-il quelques heures après la
mort de sa femme, le 5 juin 1818, le murmure ne s'est
pas approché de mes lèvres, tu m'as soutenu par la
grâce; tu m'as fait bénir ton nom saint qui m'a en-
levé toute la joie de ma vie. Tu veux me détacher d'un
monde que j'avais trop aimé, tu n'as pas voulu que

j'y trouve ma part. Toute ma vie, jusqu'à mon dernier soupir, je répèterai les dernières paroles qu'elle prononça lorsque je vins lui apprendre qu'elle n'avait plus de mère[1] : « L'Éternel a donné, l'Éternel « a repris, que son saint nom soit béni. » Oui, mon Dieu, tu m'as puni, je le méritais, mais aussi tu m'as éprouvé pour mon plus grand bien. »

En 1844, lorsque Gaussen publia sa *Notice sur Cellérier père,* il retraça avec émotion l'histoire de ces tristes journées. Il rappelle la mort de Mme Cellérier, puis ajoute : « Que de fois, j'étais allé seul et de jour et de nuit sur ce cimetière, au pied du temple, à trois pas du presbytère, demander à Dieu de verser l'esprit de grâce sur celui qu'il appelait à remplacer de tels êtres! Je l'avais assisté dans son deuil dix-huit mois auparavant, il me rendit les mêmes offices. Je le vois encore dans le plus douloureux jour de ma vie, quand à mon tour, frappé des mêmes coups, je dus revenir seul au presbytère désormais désert. Il nous y attendait, quand j'y rentrai de Genève le soir de mon deuil. Nous le trouvâmes dans le salon qu'il pleurait; il se jeta à genoux, il pria et nous lûmes les onzième et douzième chapitres de l'épître aux Hébreux. Cet échange de consolation et de sympathie peut expliquer en quelque mesure la constance de sa bienfaisante amitié et de ma gratitude[2]. »

Nous avons tenu à rapporter ces souvenirs de Gaussen, parce qu'ils montrent combien son cœur était sensible et aimant.

---

1. La mère de Caroline Gaussen mourut le 3 mai 1818.
2. *Notice sur Cellérier père,* p. 11!

Plusieurs événements exercèrent une grande influence sur le pasteur de Satigny; au nombre de ceux-ci, il nous faut mentionner le séjour de Robert Haldane à Genève et ses nombreux entretiens avec les partisans du Réveil. Gaussen témoignait toutes ses sympathies au mouvement religieux qui éclata dans Genève; souvent il donna des conseils, des directions aux pasteurs de la communauté indépendante du Bourg-de-Four, mais il ne voulait pas se séparer de l'Église nationale, puisque rien ne l'empêchait de prêcher Christ dans sa paroisse. Quelques années plus tard, il entra en lutte avec la Compagnie et fut destitué, comme Malan, pour avoir remis en évidence les vérités fondamentales de l'Évangile. Si pour le moment, il restait fidèle à son poste, une étroite amitié existait néanmoins entre le pasteur de Satigny et les défenseurs des vérités évangéliques. Haldane, en particulier, avait gagné toute sa confiance. Voici ce que le pasteur de Satigny pense de celui contre lequel Chenevière, dans un ouvrage intitulé : *Précis des débats théologiques,* décharge sa colère : « Je donnerai beaucoup pour pouvoir entendre tous les jours le grand Haldane. C'est Calvin ressuscité. Sa connaissance des Écritures est un prodige. J'aurais voulu ne le plus quitter[1]. »

1. Lorsque nous avons esquissé l'histoire du Réveil, nous n'avons pas mentionné l'écrit de Chenevière. Cette publication est une suite de jugements superficiels qu'il faudrait réfuter en les examinant les uns après les autres. Son but était d'empêcher les membres de l'Église indépendante, les méthodistes, comme il les appelle, de faire des prosélytes. Le ton de cet écrit est tellement peu chrétien, qu'il ne vaut pas la peine de l'indiquer comme une source lorsqu'on traite cette époque si importante de l'histoire religieuse de Genève.

Nous n'avons pas encore parlé de l'attitude de Gaussen lors de la publication du Règlement du 3 mai. Il ne put sanctionner les décisions arbitraires de la Compagnie. Voici ce qu'il écrit dans son journal, le 18 décembre 1817 : « Après une séance assez orageuse de l'assemblée des pasteurs, je demandai deux choses dans notre dernier entretien :

« 1° Qu'on voulût bien expliquer le sens du règlement, qui a été mal compris, et qui n'aurait éprouvé, je crois, aucune contradiction, si la Compagnie l'avait officiellement expliqué. Jamais demande ne fut plus raisonnable, mais on l'a rejetée parce qu'on donne à ce règlement quatre ou cinq sens différents.

« 2° Ma deuxième demande était qu'on imposât le règlement aux ministres, sans le faire souscrire aux candidats avant leur consécration.

« Cette proposition, aussi raisonnable que la précédente, a été rejetée comme elle, et je craindrais presque de leur proposer de croire en Dieu de peur qu'ils ne se disent athées. »

La vénérable Compagnie marche dans une voie d'égarement. En vérité, rien ne prouve plus évidemment et plus promptement la passion qui égare ce corps tout entier que le refus qu'il fait de se rendre à des considérations si modérées.

L'impression que Gaussen avait remportée de la séance du 22 novembre était déjà très mauvaise. Il vaut la peine de citer les lignes suivantes; elles nous font connaître comment le successeur de Cellérier estimait la manière d'agir du corps directeur de l'Église : « Cette funeste association me semble frappée d'aveuglement. Tout me paraît dirigé pour le retour des lumières. Ils ne voient pas clair, ils veulent éteindre le feu de la foi, ils ne voient pas où ils vont. Je n'ai pas éprouvé, en sortant de cette séance honteuse, d'autres sentiments que la satisfaction d'avoir bien dit tout ce que je devais dire. Cela a été pour mon cœur et ma conscience un grand soulagement. On ne peut se figurer l'aveuglement de nos messieurs quand on ne les a pas entendus. »

Gaussen était fermement attaché aux doctrines orthodoxes ; ses prédications, sa position de défenseur des vérités attaquées par la Compagnie, ses rapports avec les partisans du Réveil confirment notre pensée. Mais ses convictions, ses collègues, l'Église entière devaient les connaître par un exposé précis de sa foi. En 1819, il prit définitivement position en publiant avec Cellérier père la *Confession helvétique,* dans laquelle toutes les doctrines orthodoxes sont exposées, et en particulier celle que la Compagnie rejetait depuis longtemps : « la divinité du Sauveur ».

Au chapitre XI, la confession affirme énergiquement la préexistence du Christ : « Nous croyons et nous enseignons que le Fils de Dieu Jésus-Christ notre Seigneur a été de toute éternité destiné et établi de Dieu son Père pour être le Sauveur du monde. Nous croyons qu'il a été engendré du Père d'une manière ineffable, non pas seulement avant la création du monde ou à sa conception dans le sein de la vierge Marie, mais de toute éternité. » La confession pose ensuite que Jésus-Christ est vrai Dieu : « Ainsi le Fils de Dieu est égal à son Père quant à la divinité, il est de la même essence et vrai Dieu. » Le chapitre se termine en mentionnant les erreurs condamnées : « Nous rejetons la doctrine d'Arius et de tous les ariens contre la divinité éternelle du Fils de Dieu, aussi bien les erreurs des Michel Servet et de tous ses sectateurs. » Dans une préface très bien rédigée, Gaussen et Cellérier exposent les motifs qui les ont poussés à rééditer cette confession de foi qui fut, dès 1556, le drapeau de toutes les églises réformées de la Suisse. Ils terminent ainsi : « Au moment où plusieurs fidèles sont dans l'anxiété sur la foi de leurs pasteurs, il faut que ceux-ci en fassent une profession publique, avec modération sans doute et dans un esprit de charité, mais avec franchise et sans aucune crainte. »

Leurs adversaires ne purent pas les accuser de dissidence, puisque dans un court exposé historique, ils montrent que ce document a été accepté, non seulement par les Églises réformées de la Suisse, mais par un grand nombre d'autres communautés et reconnu orthodoxe par toutes les branches du protestantisme. Malgré ces preuves évidentes, Chenevière les classa parmi les adversaires de la Compagnie. Après avoir montré que ni la préface, ni la confession n'avaient obtenu le succès espéré, il termine par ces mots : « Je m'abstiendrai de rien dire de plus à cet égard à cause du respect *qu'avait toujours inspiré* M. Cellérier père[1]. »

Nous attachons une grande importance à la réimpression de la confession helvétique, c'est le moment ou Gaussen prend définitivement position vis-à-vis de la majorité de ses collègues et du monde chrétien. Il

---

1. Chenevière, *Précis*, p. 30.

se déclare franchement évangélique. Désormais toute
sa conduite aura une fermeté qu'elle n'avait point
jusque-là au même degré. Depuis ce moment, le pasteur de Satigny assista plus rarement aux séances de
la Compagnie. Il se voua tout entier à la prédication
de l'Évangile, dans sa paroisse et en ville, où il était
très estimé comme orateur chrétien. La Société des
Missions, fondée en 1821, attira son attention; pendant
plusieurs années il fut membre du Comité. Il donna
sa démission en 1828, époque où quelques pasteurs
n'appartenant pas au parti évangélique entrèrent
dans le Comité. Il ne se sentit plus la liberté de faire
partie d'une société dont tous les membres ne partageaient pas ses convictions religieuses.

Une décision allait soulever entre le pasteur de
Satigny et la Compagnie une lutte longue et pénible
dont l'issue devait être la destitution de ce pieux et
zélé serviteur de Dieu qui, pendant plus de quinze
années de ministère, n'avait eu qu'un seul but : Prêcher Christ et Christ crucifié. En 1827, Gaussen mettait de côté le catéchisme officiel; il substitua à ce
recueil l'étude de la Bible. Cette liberté ne pouvait
être tolérée par le corps directeur de l'Église; des
explications lui furent demandées. Les motifs de
Gaussen ne parurent pas satisfaisants aux membres
de la Compagnie qui, après plusieurs séances, pro-
noncèrent sa destitution. Le 30 novembre 1831, le
Conseil d'État sanctionna les décisions de ce corps
et proclama la révocation du pasteur de Satigny.
Pendant les quinze années de son ministère, Gaussen
exerça une influence bénie sur ses paroissiens, non
seulement par ses prédications, ses visites, mais

par sa vie tout entière. La qualification « le saint de Satigny », qu'il donnait à son prédécesseur, Cellérier père, peut bien lui être appliquée. Il fut toujours fidèle au programme qu'il s'était tracé en entrant dans sa paroisse. « Nous sentons que nous avons une bonne conscience, nous voulons nous bien conduire en toutes choses[1]. »

1. Sermon d'entrée à Satigny.

CHAPITRE II

L'ACTIVITÉ DE GAUSSEN DANS LA SOCIÉTÉ
ÉVANGÉLIQUE

Écrire la vie de Gaussen depuis sa révocation de pasteur de Satigny, c'est raconter l'histoire de la Société évangélique. Il fut jusqu'à sa mort le plus fidèle ami de cette société fondée dans le but d'amener, soit à Genève, soit en France, beaucoup de pécheurs à la connaissance du seul nom qui ait été donné aux hommes par lequel ils puissent être sauvés. Son premier président, L.-G. Cramer-Audéoud, était membre du Conseil représentatif. Le 24 janvier 1831, ses règlements firent connaître l'activité qu'elle se proposait d'avoir. La nouvelle société désire travailler à l'avancement du règne de Dieu :

1° En appelant l'attention des fidèles sur les progrès de l'œuvre des missions évangéliques, et en les invitant à y concourir par leurs prières et par leurs dons;

2° En cherchant à encourager la lecture de la Bible et en facilitant les moyens de l'acquérir;

3° En mettant en circulation des traités religieux choisis avec soin.

Son activité devait s'étendre rapidement. Depuis quelques années, Gaussen présidait, tous les dimanches soir, des réunions dans le salon de sa mère, à la rue des Granges[1]. Un service du soir était fort utile à cette époque de décadence religieuse pour clore la solennité du dimanche. Le local devint bientôt trop petit; on dut s'en procurer un plus grand, et on inaugura un lieu de culte à la rue des Chanoines. En 1832, dans le premier rapport sur le culte, Galland montre que ces assemblées étaient accompagnées d'un succès croissant. « On y annonce la parole de Dieu dans des prédications plus simples que ne le comportent les habitudes des temples. Et cette méthode plus familière et plus évangélique permet de méditer l'Écriture avec suite et de *détailler* la Parole selon la règle qu'en prescrit saint Paul. Les âmes paraissent sentir combien ce genre d'instruction est approprié à leurs besoins comme à ceux de nous tous en général; et l'affluence devient telle qu'il est d'une nécessité urgente de trouver un local plus vaste et plus commode[2]. »

La jeunesse attira aussi l'attention de la Société évangélique. Elle ouvrit une école du dimanche, une école de la semaine et une classe de catéchumènes. Il ne suffisait pas de donner la nourriture spirituelle aux adultes, il fallait aussi amener les enfants à Jésus qui les appelle, qui nous les demande et qui va jusqu'à dire : Ne les empêchez point. Cette école, qui

1. Galland fit tous les quinze jours le culte pendant un certain temps.
2. *Rapport de 1832*, p. 14.

ne comptait qu'une vingtaine d'enfants à sa fondation, vit bientôt leur nombre s'élever à une centaine.
« Il est doux de penser que, se mouvant en toute
liberté, les enfants obéissent à l'attrait de cette instruction que rien ne les oblige à rechercher et à recevoir ; c'est alors l'attrait de la grâce de Dieu, cette
puissance inconnue de l'homme qui le captive à son
insu, et l'instruction libre du jour du Seigneur se
distingue avantageusement à ses yeux des leçons de
la semaine qui se ressentent plus ou moins de la
triste férule[1]. »

Dans l'École du dimanche et dans les cours de ca-
chumènes, l'instruction fut toute biblique. L'Écriture
était expliquée par elle-même.

Ces œuvres, très importantes, allaient être com-
plétées par une plus importante encore. L'enseignement de la Faculté de théologie était loin d'être orthodoxe ; nous avons déjà insisté sur ce point et montré
que les doctrines qui sont la base du christianisme
étaient méconnues. Pourtant la Compagnie n'avait
pas encore fait connaître formellement ses convictions. Le professeur Chenevière, son défenseur,
énonça, dans ses *Essais théologiques,* des vues tout
à fait négatives. Dans le sein de la Société évangélique, on se demanda s'il ne fallait pas combattre
sur le terrain de la science l'enseignement hétérodoxe. Le 1er février 1831, la proposition de fonder
une École de théologie, basée sur les principes im-
muables de la Parole, fut faite au comité. « Ce n'était
point là une idée toute nouvelle. Déjà plusieurs amis

______
1. *Rapport de 1832,* p. 17.

de l'Évangile en France l'avait eue. Les professeurs
des institutions établies enseignaient et enseignent
selon leurs croyances. Nous ne voulons point les
juger. Mais ces croyances sont opposées aux nôtres,
à celles que dans nos consciences nous croyons
seules conformes à la parole de Dieu, seules propres
à relever l'Église et à sauver les âmes. Personne ne
peut sans doute nier que ce soit là notre conviction,
et cette conviction une fois donnée, notre route était
tracée. Pouvions-nous toujours nous taire tandis que
d'autres parlaient si hautement[1]? »

Le comité vota à l'unanimité la convenance de
l'institution. Les difficultés de tous genres ne les en-
travèrent pas un instant, surtout la question finan-
cière, qui devient si angoissante pour les différentes
œuvres religieuses, ne fut pas pour eux une cause de
retard. Ils avancèrent avec foi, sachant que le Seigneur leur donnerait, jour après jour, les ressources
suffisantes. L'un des membres du comité, le colonel
d'artillerie H. Tronchin, déposa dix mille francs sur
la table. Heureux temps où les bourses étaient large-
ment ouvertes parce que les cœurs étaient tout remplis du désir de proclamer cette parole de vie qui
était leur force, leur joie, leur consolation! Les fondateurs de l'école de théologie posèrent les principes
suivants comme base de leur œuvre :

« 1° Se proposer en tout dans l'établissement de
cette école la gloire de Jésus-Christ et de sa parole et
rejeter toutes doctrines humaines[2]. Si nous avions

1. *Rapport de 1832*, p. 45.
2. *Id.*, p. 72.

voulu enseigner les opinions du monde et des hommes,
nous n'aurions certes pas été établir une institution
en désaccord avec les opinions des hommes et du
monde. La parole de Dieu, rien que la parole de Dieu,
toute la parole de Dieu, voilà la devise de notre école;

« 2° Se maintenir sur une large base et éviter tout
principe de secte et de séparation;

« 3° Faire et faire faire des progrès dans les sciences
théologiques, rechercher tout ce qui peut contribuer
à développer le chrétien et le ministre de Jésus-
Christ. »

Pourtant parmi les membres de la Société évangélique, plusieurs étaient en bonnes relations avec les
églises dissidentes. Les membres de ces dernières
assistaient souvent aux assemblées générales; Malan,
en particulier, y prit souvent la parole. Les vues des
fondateurs de la Société évangélique étaient bien différentes de celles des auteurs de la première dissidence. « C'est dans l'intérêt des églises établies que
votre comité a premièrement et principalement fondé
l'École de théologie, bien qu'il désire laisser à ses
élèves, sous ce rapport, comme sous d'autres, une
pleine liberté de conscience[1]. »

Après plus de soixante ans d'existence, la Société
évangélique est restée fermement attachée à ces principes. Quand nous jetons un coup d'œil sur l'histoire
religieuse de la France, nous constatons que bien des
pasteurs qui ont contribué au Réveil des églises nationales de ce pays ont étudié à l'École évangélique
de Genève.

---

1. *Rapport de 1832*, p. 73.

Quant au troisième principe, les professeurs y sont aussi restés fidèles.

Deux circulaires firent connaître la fondation de la Société évangélique. La première, datée du 10 septembre 1831, était adressée aux églises, aux universités et à tous les fidèles de la chrétienté protestante ; la seconde aux syndics et Conseil d'État de la République et canton de Genève. Dans cette dernière, les membres du comité affirment « que la doctrine unitaire fondamentalement opposée à celle de l'Église réformée et de toutes les autres églises réformées et de toutes les autres églises nationales du monde protestant, et même à celle des deux grandes sections de la chrétienté : la communion grecque et latine, siège maintenant dans la chaire de l'institut théologique qu'illustraient les Calvin et les Théodore de Bèze ». Il était nécessaire de contrebalancer l'influence de l'unitarisme, c'est pourquoi nous établissons, disent les signataires de cette circulaire, « une École de théologie, et nous le faisons avant tout parce que nous croyons, avec les saintes Écritures, que nul ne peut poser d'autre fondement que celui qui est posé, lequel est Jésus-Christ ; que Christ qui est Dieu manifesté en chair, la pierre vive rejetée par les hommes, mais choisie de Dieu et précieuse ; qu'il est seul le chemin, la vérité et la vie, et qu'il doit être comme le centre et le soleil, autour duquel se meuvent et s'éclairent toutes les vérités et toutes les sciences de l'enseignement théologique.

A la première circulaire, un grand nombre de pasteurs du canton de Vaud répondirent par une lettre dans laquelle ils témoignent un vif intérêt à l'École de théologie. Le clergé vaudois, dans la majeure partie de ses membres, était encore attaché aux doctrines évangéliques. « Vous annoncez vouloir professer sur l'état de l'homme, sur la grâce de Dieu, sur la nature du Sauveur, sur l'œuvre qu'il a opérée et sur celle qu'il opère encore pour le salut de son peuple, les doctrines scripturaires proclamées par la confession de foi helvétique, cette assurance nous est chère et précieuse[1]. »

L'Institut du Bourg-de-Four, dont le but était de former des instituteurs évangélistes, avait été plus ou moins ignoré, il n'en fut pas de même de la Société évangélique et de son École de théologie. Celle-ci gagna les sympathies, non seulement des personnes qui dans Genève s'intéressaient à l'avancement du règne de Dieu, mais aussi celles d'un grand nombre de pasteurs de France et d'Angleterre. A la troisième assemblée générale, le président, le colonel H. Tronchin de Lavigny, donna lecture de la lettre suivante, signée par 453 ministres de l'Église épiscopale d'Angleterre. Cette lettre montre que le mouvement religieux qui éclata à Genève n'intéressa pas seulement quelques chrétiens, mais tous ceux qui désiraient répandre les vérités remises en évidence par notre glorieuse réformation :

« *A la Société évangélique de Genève.*

« Bien-aimés frères,

« Nous soussignés, ministres de l'Église d'Angleterre, ayant appris que, fermement attachés à l'Évan-

---

1. *Lettre des Pasteurs du Canton de Vaud*, etc., p. 6.

gile, vous soutenez fidèlement les doctrines qui en sont le fondement, savoir : la divinité de notre Sauveur, l'expiation du péché par le sang de Christ, la justification par la foi seulement et la régénération par le Saint-Esprit, nous ne pouvons résister au désir de vous exprimer l'affection et l'estime que nous ressentons pour vous. Nous prions Dieu du fond de nos cœurs que dans tous vos travaux pour répandre la connaissance du Christ, il vous rende capables, quelles que soient les difficultés, de faire briller sa miséricorde, sa douceur, son zèle infatigable et son courage pour la cause de Dieu. Nous le supplions de vous fortifier dans les épreuves par les consolations de son Saint-Esprit, et nous vous demandons de vous tenir pour assurés que, considérant nous-mêmes les doctrines pour lesquelles vous combattez comme étant l'essence même de l'Évangile, nous et beaucoup d'autres dans notre patrie travaillons de concert avec vous à les faire connaître. Nous désirons ardemment que le Seigneur bénisse vos efforts chrétiens, afin qu'ils puissent produire des fruits nombreux et durables dans toutes les églises du continent où la langue française est en usage. Vous recommandant à la grâce et à la bénédiction de Dieu, nous demeurons vos fidèles et affectionnés frères [1]. »

1. *Rapport de 1834*, p. 12. — Plus tard, un grand nombre de pasteurs envoyèrent des témoignages de sympathies. En 1836, le nombre des signataires s'éleva à *huit cents*. L'Église épiscopale d'Angleterre n'a jamais eu l'occasion de donner à des chrétiens étrangers aucun témoignage de son affection plus signalé que la lettre que nous avons mentionnée.

Nous pourrions multiplier les témoignages de sympathie, d'affection que reçut le comité de la Société évangélique. Les chrétiens de Hollande et d'Amérique s'intéressèrent vivement aux œuvres entreprises par leurs frères de Genève. Voici ce qu'écrivirent quelques amis d'Amérique en 1833 : « Une régénération de l'Église en Europe, une réformation de l'erreur et de la corruption protestantes, était aussi nécessaire et aussi demandée que le fut celle des ténèbres de la papauté aux jours de Luther et de Calvin. L'erreur et l'infidélité en étaient venues à un tel degré d'énormité et de hardiesse, que c'était un devoir et une nécessité absolue pour le petit nombre d'hommes qui restaient encore fidèles à l'Évangile de s'unir afin d'aviser aux moyens de remettre en exécution des mesures de réforme. Cette œuvre a été commencée. C'est, nous en avons la confiance, non l'œuvre des hommes, mais l'œuvre de Dieu. Et s'il en est ainsi, elle subsistera, et ni les ennemis de la vérité, ni les portes de l'enfer ne prévaudront contre elle[1]. »

Les hommes placés à la tête de l'École de théologie étaient remarquables soit par leur science, soit par leur piété. La présidence fut confiée à Merle d'Aubigné, ministre genevois et pasteur de l'Église wallone de Bruxelles. Il s'acquit une grande réputation par ses publications historiques sur l'époque de la Réformation. Son cours d'histoire ecclésiastique fut toujours très apprécié des étudiants.

La théologie systématique attirait beaucoup l'ancien pasteur de Satigny. Il fut bientôt appelé à l'en-

---

1. *Rapport de 1833*, p. 56.

seigner dans la nouvelle école. « Par des circonstances à d'autres égards déplorables, votre École fit
dans le mois de décembre une acquisition importante,
dit le rapporteur de l'École de théologie dans l'assemblée de 1832[1]. M. le pasteur Gaussen avait pro-
mis dès l'origine de donner au moins quelques soins
à l'enseignement théologique, mais ses occupations
pastorales ne lui permettaient pas de disposer de beaucoup de temps ni de prendre un engagement absolu.
Il devint libre. Une difficulté fut ainsi écartée, notre
voie fut aplanie. Votre comité adressa à M. Gaussen
une vocation qu'il accepta[2]. »

Deux savants, versés dans la science allemande,
Steiger et Hævernich, furent appelés comme professeurs. Le premier à la chaire du Nouveau Testament,
le second à celle de l'Ancien. Enfin le pasteur Galland, déjà connu des Églises de France par la fondation d'un établissement chrétien, où il dirigeait
l'enseignement des diverses sciences théologiques,
consentit à donner quelques leçons sur les devoirs et
les attributions des ministres de Christ.

L'École de théologie ne devait pas attirer toute
l'attention des chrétiens qui consacrèrent leur vie à
la Société évangélique. En vue de la dissémination
des Écritures, quelques-uns fondèrent le département
du Colportage. Au mois de mai 1833, celui d'évangélisation prit naissance.

Gaussen présenta le premier rapport à l'Assemblée
générale de 1834; plusieurs pages sont encore d'une

1. Merle d'Aubigné fait allusion à la révocation de Gaussen.
2. *Rapport de 1832*, p. 48.

grande actualité. Il débute en montrant que l'évangélisation de la France est un devoir pour les chrétiens
de Genève, même plus qu'un devoir, une affaire
d'honneur, une dette de reconnaissance, une obligation qui ressort de toutes les pages de leur histoire. Ce
devoir, il est justifié dès les premiers jours à jamais
mémorables de notre Réformation; les faits nous
crient avec force : Chrétiens de Genève et de la
Suisse, évangélisez la France. Puis l'auteur de ce
rapport fait un tableau de l'État religieux et moral
de ce pays d'où sont arrivées à Genève les vérités
évangéliques.

Ce tableau est encore celui de la France actuelle;
grâce à Dieu, quelques progrès ont été accomplis,
mais le catholicisme est toujours debout, toujours
puissant et faisant ses efforts pour maintenir les
populations dans l'ignorance. « Considérez s'il n'y a
pas là de quoi réclamer à grand cri toute la charité
des Farel de nos jours. Hélas! ce pays n'est-il pas
livré presque partout, dans ses villes et dans ses
campagnes, aux misères réunies du papisme et de
l'incrédulité? L'Évangile n'y est-il pas presque partout méconnu? Les rapports de vos colporteurs ne
vous disent-ils pas que tandis que les uns, au nom
du pape, osent livrer aux flammes le Nouveau Testament, les autres, au nom des lumières du siècle, le
dédaignent trop pour le brûler, mais trahissent la
même aversion pour sa sainteté et confondent dans
un même mépris le Christ, les jésuites et Saint-Si-
mon? Tandis que les prêtres ont dit à ce pauvre
peuple : « Puisque nous sommes infaillibles, croyez
tout ou ne croyez rien, il a préféré rien à tout, et vous

voyez quel matérialisme théorique se professe trop souvent dans ses plus hautes écoles et quel matérialisme pratique y pèse sur les ateliers, y pétrifie les consciences de la jeunesse, y ronge la population des villes et des campagnes, des grands et des petits. »

Depuis 1834, l'Évangile, prêché fidèlement, a porté des fruits; des âmes ont quitté les ténèbres pour vivre dans la sphère lumineuse de l'Évangile; mais la France actuelle se partage bien, comme au temps de la fondation du département d'évangélisation, en deux grandes fractions. L'une appartient au système catholique, dont l'autorité puissante et plusieurs fois séculaire n'est point encore ébranlée; l'autre au matérialisme, qui est devenu, depuis quelques années surtout, la croyance de ce peuple que les prêtres n'ont pu retenir captif.

Après un aperçu des travaux accomplis, l'orateur conclut son rapport par ces paroles propres à remplir les plus tièdes du désir de se vouer selon leurs moyens à cette belle œuvre d'évangélisation : « C'est dans l'intérêt de vos églises que nous venons vous supplier de vous intéresser à l'œuvre d'évangélisation de la France. Que Dieu lui-même vous donne du zèle pour la paix de Jérusalem : car s'il y a maintenant des larmes et de l'angoisse, bientôt il y aura de la joie, bientôt le Seigneur dira : Réjouissez-vous avec Jérusalem et soyez dans l'allégresse à cause d'elle, vous tous qui l'aimez, vous tous qui pleuriez sur elle, réjouissez-vous avec elle d'une grande joie, afin que vous suciez le lait de ses consolations et que vous soyez rassasiés, afin que vous soyez allaités et que vous trouviez vos délices dans la splendeur de sa gloire. »

Cette joie, des pasteurs, des évangélistes, des colporteurs l'ont goûtée lorsqu'ils ont vu, en réponse à
leurs prières, Dieu tourner les cœurs vers son Fils, et
les cœurs ont été remplis d'un ardent amour pour le
Sauveur, l'unique Rédempteur des hommes. C'est
dans une grande ville ou bien dans un hameau reculé
que l'œuvre s'est faite, que, malgré les persécutions,
les moqueries, des âmes ont été arrachées au joug de
Rome pour être chargé de celui de Jésus. Malgré la
puissance du catholicisme, celle du matérialisme,
l'Évangile a transformé des cœurs; les promesses de
Dieu se sont accomplies, la parole annoncée n'est
point retournée à Lui sans effets.

Dans la patrie genevoise, l'activité de la Société
évangélique s'étendit aussi. Les cultes du soir et
l'École du dimanche de la rue des Chanoines étaient
toujours plus fréquentés. Quinze ans auparavant, les
assemblées dissidentes furent surtout composées de
personnes appartenant à la classe ouvrière et à la
bourgeoisie; en 1832, ce fut surtout dans les classes
supérieures de la société que les cœurs se tournèrent
vers la vérité. Les efforts, les sacrifices de ceux qui
s'intéressaient aux œuvres nouvelles sont la meilleure
preuve de l'œuvre de Dieu dans leurs cœurs.

Les assemblées devenant de plus en plus nombreuses, on fit l'acquisition d'un terrain situé dans
une rue tranquille du haut de la ville, afin de bâtir
une maison consacrée à l'Éternel, à laquelle on donna
le nom d'*Oratoire*. Le 9 février 1834, cette chapelle
fut ouverte aux âmes qui désiraient recevoir une
instruction franchement évangélique. Gaussen prononça le discours d'ouverture. Son sermon avait

pour texte les cinq premiers versets du psaume CVI :
« Célébrez l'Éternel, parce qu'Il est bon et parce que
sa bonté demeure à toujours. »

Voici ses premières paroles : « Au nom du Père,
du Fils et du Saint-Esprit, un seul Dieu béni éternellement, nous consacrons solennellement ce temple
et cette chaire à la prédication des souffrances et de
la gloire de notre Maître crucifié et ressuscité ; à la
prière par son nom. Que cette maison lui appartienne,
que son Esprit y habite, que sa gloire la remplisse.
Amen[1]. »

Il montre ensuite le but de la fondation de l'Oratoire : « Prêcher et Christ crucifié, seul refuge du
pécheur. Nous avons l'espérance que tous les disciples de Jésus-Christ dans notre patrie aimeront les
portes de cette maison et qu'en passant sous ses murailles, ou en voyant le faîte au milieu des édifices de
la cité de nos pères, ils élèveront leur âme à Dieu
avec actions de grâce et que même, n'y dussent-ils
point entrer, ils y penseront avec prières et diront
avec affection : Que la paix soit-elle ! C'est une maison de mon Père ; elle est remplie de mes frères, on y
prêche mon espérance, on y glorifie mon Sauveur :
que la paix soit sur elle[2]. »

Le fragment suivant justifie ce que nous disions, à
savoir que la Société évangélique ne fut en aucune
manière une nouvelle dissidence. « Périsse trois fois
ce temple et tombe cette chaire, plutôt que de devenir
jamais le temple d'une société et la chaire d'un parti,

1. *Discours prononcé à l'ouverture de l'Oratoire*, p. 5.
2. *Id.*, p. 7.

le temple d'une secte et la chaire de l'orgueil humain où l'homme chercherait son propre honneur, et sa propre victoire, où l'homme serait prêché plutôt que son Maître[1]. »

Gaussen s'adresse ensuite directement à ses auditeurs en affirmant que ce jour solennel doit être un jour d'actions de grâces, de saintes résolutions et de prières. Des sentiments de reconnaissance doivent remplir tous les cœurs, puisque Dieu a permis d'élever ce temple pour proclamer les grandes vérités de l'Évangile, particulièrement celle « avec laquelle, dit Luther, toute Église est debout quels que soient ses erreurs et ses maux et sans laquelle toute église demeure renversée quels que soient d'ailleurs ses prétentions et ses soutiens, je veux dire le grand mystère de piété : Dieu manifesté en chair. »

A ces sentiments de reconnaissance doivent se joindre de saintes résolutions. Les jours de réveil doivent laisser dans les âmes plus que des impressions, ils doivent amener les âmes à une vie nouvelle. « Certes la pureté des doctrines que le Seigneur a rendues depuis quelques années à plusieurs de nos églises protestantes est encore pour nous le plus grand des bienfaits, puisque c'est par là que Dieu sauve et que la vie éternelle c'est de le connaître. Mais prenez garde encore au piège, ne changez pas les bénédictions en malédictions, la lumière en ténèbres. Il faut que ces vérités *vivent* dans l'âme[2]. » *Ce n'est pas un système, c'est une vie.*

1. *Discours prononcé à l'ouverture de l'Oratoire,* p. 7.
2. *Id.,* p. 21. — C'est nous qui soulignons.

Ce qui donnait de l'autorité à ces paroles, c'est que l'homme qui les prononçait était un chrétien ne possédant pas seulement le talent oratoire, une doctrine correcte, mais un serviteur de Dieu dont la vie était entièrement consacrée au Sauveur qui lui avait donné la rédemption par son sang.

Depuis l'ouverture de l'Oratoire, Gaussen, appelé à occuper fréquemment la chaire, dut renoncer, pendant un certain temps, à l'enseignement théologique. Néanmoins, il resta membre du collège des professeurs et continua à assister aux exercices de prédications des étudiants. Il s'intéressait beaucoup aux futurs messagers de la bonne nouvelle; dans des réunions plus intimes consacrées à l'édification et à l'instruction, après avoir traité de l'inspiration des Écritures, il entreprit de lire dans le texte grec, avec ses auditeurs, l'épître aux Colossiens.

Il devait bientôt être rappelé à enseigner d'une manière régulière. En 1837, l'École de théologie fit une nouvelle acquisition. M. Pilet fut appelé à la chaire d'exégèse du Nouveau Testament et comme prédicateur pour le culte de l'Oratoire. Gaussen donna alors le cours de dogmatique auquel il ajouta, en 1840, celui de polémique. Dès ce moment, l'enseignement prit tout son temps; mais malgré son grand travail, il n'abandonna pas l'école du dimanche qui lui avait attiré la réputation d'un catéchète distingué. Non seulement cent vingt à cent cinquante enfants profitaient des délicieuses études bibliques du professeur de l'École évangélique, mais un grand nombre d'adultes restaient après le culte pour entendre ces

petits sermons auxquels il n'est pas exagéré de donner le nom de chefs-d'œuvre.

Lors du dixième anniversaire de la Société évangélique, le rapport de l'École de théologie fut présenté par Gaussen. Dans son introduction, il montre
pourquoi l'École a été fondée, puis il ajoute qu'il est
nécessaire de revenir sur ces faits parce qu'ils sont
oubliés. Si, en 1841, il était déjà nécessaire de revenir sur ces journées à jamais mémorables, qu'en
est-il de nos jours? Nous avons déjà montré la nécessité de l'École de théologie; citons encore quelques
lignes de Gaussen qui seront la sanction de nos affirmations : « L'école avait pour but de combattre les
trois plus funestes erreurs qui, dans d'autres siècles,
n'étaient venues ravager l'Église que l'une après
l'autre : l'arianisme du IVe siècle, le pélagianisme
du Ve, le socinianisme du XVIe. Au commencement
du XIXe siècle, ces erreurs s'étaient réunies dans
celle de Genève, non plus comme un fait clandestin,
isolé, personnel, mais comme un enseignement
public préparé pour former tout le clergé futur de
l'État, sous le contrôle du corps des pasteurs, et
bientôt après avec la sanction des autorités de la nation. »

Dans ce rapport, la question de la position ecclésiastique est traitée magistralement. Il sera utile de
nous arrêter quelques instants sur cette question, car
un grand nombre de personnes identifient l'Église
libre et la Faculté de théologie; elles font de celle-ci
un institut fondé dans le but de donner des ministres
à celle-là. Voici ce que dit Gaussen : « L'École de
théologie n'est point une Église, et la Société qui l'a

fondée ne s'est donné à connaître jusqu'ici par ses
actes publics que comme une association fondée dans
le sein de l'Église réformée de Genève et pour son
relèvement. Les fondateurs de l'École ne se sont
point séparés de l'Église nationale; ils ont été exclus
de toutes les chaires par le seul fait d'avoir établi une
École en opposition avec l'enseignement unitaire de
l'académie. »

Il est vrai que le Consistoire considéra, dès 1835,
la congrégation de l'Oratoire comme une église indépendante, parce que la Cène y avait été donnée. Les
personnes qui fréquentaient le culte de l'Oratoire ne
se constituèrent en Église libre qu'en 1849.

Le 30 juin 1835, trois professeurs reçurent la lettre
suivante : « Le Consistoire de l'Église réformée de
Genève, considérant que, d'après les lois et les usages
de notre église, toute assemblée qui célèbre des sacrements hors des temples légalement consacrés au culte,
se constitue par là même en état de séparation d'avec
l'Église nationale, vous prie de déclarer, d'ici au
lundi 6 juillet prochain, s'il est vrai que la communion a été célébrée dans la chapelle établie rue Ta-
bazan[1]. » La réponse fut simple mais claire : la Société évangélique déclina la juridiction d'un corps
qui n'était pas attaché aux doctrines fondamentales
de l'Écriture.

Gaussen termine son rapport en décrivant la vocation de l'Église : « La vocation de l'Église sur la
terre, c'est de confesser Jésus-Christ. Ce qu'elle a
entendu en cachette, elle doit le proclamer sur les

---

1. *Rapport de 1841,* p. 27.

terrasses des maisons. Elle est protestante de nature, et si les hérésies y naissent, c'est lorsqu'elle cesse de confesser Jésus-Christ et qu'elle n'a plus de sentinelles qui veillent sur ses murailles. La Bible qu'on révère fermée n'est plus qu'une idole ou un séraphin. Elle a une bouche et ne parle point. »

Ces énergiques paroles nous font connaître les sentiments de Gaussen. C'est de ces sentiments qu'il fut animé partout, dans la chaire du prédicateur et du catéchète, dans les comités, dans ses jugements sur l'état du protestantisme et le devoir des chrétiens, dans ses écrits et dans son enseignement. Il ne perdit aucune occasion de rendre témoignage à son Sauveur, de maintenir haut et ferme le drapeau de l'Évangile. « Membre de la Société évangélique dont il avait été l'âme dès l'origine, appelé comme professeur à son école de théologie et s'étant livré à des études suivies après avoir raffermi par des voyages en Italie et en Angleterre sa santé ébranlée, il se vit mêlé aux événements généraux de la chrétienté protestante et plus d'une fois saisit l'occasion d'énoncer ses principes et ses vues[1]. »

Depuis le moment où il se consacra à l'enseignement, la vie de Gaussen est assez uniforme. Par divers discours, il chercha à intéresser les chrétiens, soit aux missions, soit à l'évangélisation des juifs.

L'écrit qui a attiré sur lui l'attention du monde chrétien est sa *théopneustie,* ou pleine inspiration des Écritures, publiée à Genève en 1840. Après la divinité du christianisme, dit-il dans son avant-pro-

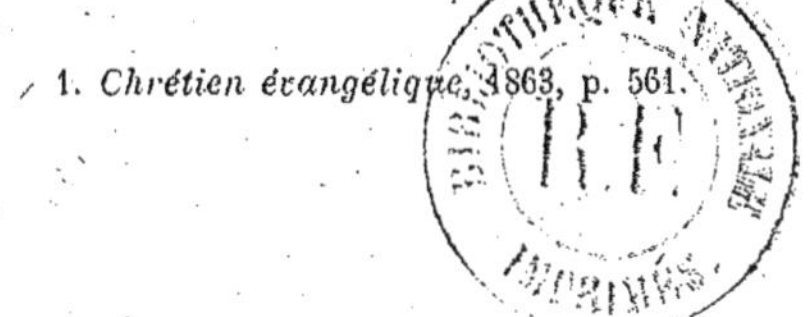

1. *Chrétien évangélique,* 1863, p. 561.

7

pos, il n'est pas de question plus essentielle à la vie de notre foi que celle-ci : « La Bible est-elle de Dieu ? Est-elle entièrement de Dieu ? Ou bien serait-il vrai (comme on l'a prétendu) qu'elle contînt des sentances purement humaines, des récits inexacts, des ignorances vulgaires, des raisonnements mal suivis, en un mot des livres ou portions de livres étrangères aux intérêts de la foi, soumises aux imprudences naturelles de l'écrivain et entachées d'erreur ? Question de vie ! C'est la première que vous avez à faire en ouvrant les Écritures, et c'est par là que notre religion doit commencer. »

Dans la dernière partie de sa vie, il chercha à démontrer l'autorité des Écritures inspirées de Dieu. L'autorité ne se trouve pas dans la conscience chrétienne, l'autorité n'est pas la personne du Rédempteur, mais l'ÉCRITURE : les vingt-deux livres de l'Ancien Testament, et les vingt-sept du Nouveau, dictés par l'Éternel aux saints hommes, prophètes et apôtres, qui prêchèrent l'Évangile.

Prouver par l'Écriture que toute l'Écriture est divinement inspirée n'est pas encore suffisant. Plusieurs pourront objecter qu'il leur resterait à savoir si Daniel, Esther, le Cantique des Cantiques ou tel autre livre de l'Ancien Testament appartiennent à cette Écriture ; si l'épître de Jude, celle de Jacques, la seconde de Pierre, les dernières de Jean ou tel autre livre inscrit au Nouveau Testament en fait bien légitimement partie, et si l'on a d'ailleurs une suffisante certitude que tous les livres apocryphes en doivent être absolument exclus ?

Gaussen, avant de quitter sa patrie terrestre, désirait montrer à ses frères que leur privilège de posséder une bible inspirée n'était point illusoire. Il consacra ses dernières années à la publication du *Canon des Saintes Écritures,* considéré au double point vue de la science et de la foi, dans lequel il affirme la canonicité de tous les livres de l'Ancien et du Nouveau Testament. « Bénissez Dieu, frères chrétiens, vous avez des preuves abondantes et vous avez aussi, nous venons vous le montrer, des garanties divines, car si votre confiance dans cette Écriture qui fait la règle et la joie de votre foi, repose d'un côté sur les raisons humaines les plus solides, de l'autre elle est invitée à s'appuyer avant tout sur les raisons de Dieu plus solides encore. D'un côté, ce sont des faits, des écrits, des monuments, des témoignages de l'histoire; témoignages clairs, nombreux, certains et suffisants, tels que n'en posséda jamais aucun livre d'homme sous le ciel. De l'autre, c'est quelque chose de plus simple encore et de plus absolu. Votre confiance a pour fondement les plus fermes principes de foi, une garantie infaillible; la pensée constante des saints et des prophètes, la marche invariable de Dieu dans toutes ses révélations durant quatorze siècles, les exemples de Jésus-Christ lui-même; en un mot, la sagesse de Dieu, l'harmonie, la souveraineté, la constance et la fidélité de ses voies[1]. »

Dès 1860, Gaussen fut contraint par l'état de sa santé de suspendre ses cours. C'est dans sa retraite qu'il écrivit le livre dont nous avons cité quelques lignes. En 1862, Merle d'Aubigné, dans son discours

---

1. *Avant-propos au Canon,* p. 11.

d'ouverture à l'assemblée générale, parlant de ce professeur, dit : « Nous avons des actions de grâces à rendre à Dieu qui nous a gardé cet ami: les écrits qui sortent de sa plume, son *Canon des Saintes Écritures*, en particulier, peuvent encore nous éclairer, ses prières nous conduire au trône de la grâce. Mais des accidents répétés ne lui permettent plus d'enseigner dans cette école dont il a été le fondateur. »

Le moment où il devait recevoir ce témoignage de son Maître : « Cela va bien, bon et fidèle serviteur, entre dans la joie de ton Seigneur », approchait. Le 18 juin 1863, six jours avant l'assemblée générale de la Société évangélique, Dieu reprenait celui que Merle d'Aubigné appelle le plus beau joyau du Réveil. Gaussen, ajoute-t-il, « a été pour l'Église une colonne de la vérité, un ferme rocher au milieu des assauts de l'erreur. Dans les temps où nous sommes, où il y a si peu de convictions positives et tant de relâchement dans la foi, un homme fort est un grand don du ciel. »

Nul autre mieux que Merle d'Aubigné ne saurait dire ce qu'a été l'ancien pasteur de Satigny pendant les trente-deux ans qu'il consacra à la Société évangélique. « Animé de puissantes convictions, il a proclamé la foi qui était sa vie, Jésus-Christ, le vrai Dieu, et la vie éternelle, le sang de la Croix lavant toute souillure, l'Esprit-saint transformant l'homme en une nouvelle créature, la Parole de Dieu, vérité absolue et créatrice. Au milieu de tous les orages, de tous les assauts, de toutes les résistances, sa voix a répété sans cesse ce noble témoignage. Il a parlé parce qu'il avait cru. Et l'Éternel l'a secouru pour être fidèle jusqu'à la fin, Eben-Hezer. Mais en même temps ce rocher était, ainsi que saint Paul le dit de lui-même, comme une mère qui soigne tendrement ses enfants. Il l'était même en enseignant; *son christianisme ne consistait pas dans des formules purement orthodoxes, mais était esprit et vie.* « Tant que « je n'étudiais la théologie que dans les livres, même « dans les livres de M. Gaussen, disait un de ses élè- « ves, maintenant ministre de la parole, je n'en reti- « rais pas grand profit. Mais quand j'entendis ses « leçons, cette parole intime pleine de sérieux, d'af- « fection, de lumière vint à moi... je fus converti. » Son départ nous laisse seul, continue le Président, bien que nous ne soyons pas seul! Et après sa fille et sa sœur, que nous recommandons au Dieu qui console, c'est nous qui perdons le plus. Ne nous demandez pas ce qui serait au-dessus de nos forces. Pourquoi, d'ailleurs, réclamerions-nous pour lui des titres de gloire? Jamais il n'a voulu d'autre gloire, et nous ne lui attribuerons d'autre à cette heure, que celle-ci : il a été lavé par le sang de l'agneau. »

Travailler pour la Société évangélique, pour l'École de théologie, était tout le bonheur, toute la joie de Gaussen. Quand il ne put plus donner des cours, plus sortir de sa chambre, plus se lever de sa chaiselongue, il travailla encore pour elles, il les porta sur son sein jusqu'à son dernier soupir. En terminant la vie de celui que nous pourrions appeler « le *Saint de la Société Évangélique* », nous nous permettrons de rappeler le legs qu'il fit à l'École de théologie. Un jour, un ami étant venu le visiter : « Priez, lui dit le

malade, pour l'École de théologie. » Cet ami répondit :
« Je ne l'oublie pas, et je prierai pour elle. » Voyant
qu'il n'était point compris, Gaussen reprit : « Maintenant... maintenant là... » Et, immobile sur sa chaiselongue, il montrait le parquet de son regard. Cet ami
comprit, s'agenouilla et pria[1]...

« Eben-Hezer ». L'Éternel l'a fortifié jusqu'à la fin,
pour rendre témoignage à ces vérités scripturaires,
pour lesquelles il aurait donné sa vie. Gaussen fut un
homme possédant la vraie grandeur, cette grandeur
dont les principaux caractères sont la foi du petit
enfant et l'humilité. Cette foi nous la retrouvons dans
ses écrits théologiques ; c'est animé par elle qu'il put
comprendre les problèmes qui pour d'autres sont
remplis de difficultés, ou quelquefois insolubles.
L'humilité, cette vertu essentielle, était incarnée dans
le cœur du professeur de l'École évangélique. Comme
saint Paul, il avait des sujets de se glorifier ; comme
lui, il ne voulut se glorifier qu'en Jésus-Christ. La
gloire de Jésus-Christ, tel était le but de l'activité des
fondateurs de la Société évangélique, de Gaussen
en particulier. Cette gloire, il en sera revêtu lorsque
Christ rappellera à la vie ceux qui sont morts dans la
foi. Maintenant, il se repose de ses labeurs, en attendant le jour où son Seigneur le conduira dans la
patrie céleste.

« Si jamais vous allez à Plainpalais[2] visiter le
champ des morts, cherchez la place où la dépouille

---

1. *Rapport de 1863*, p. 44.
2. Commune près de Genève, dans laquelle se trouve l'ancien cimetière.

de Gaussen a été couchée, et où quarante-cinq années
plus tôt avait été déposée celle de sa jeune épouse, vous
lirez encore sur la pierre de sa tombe ces deux mots :
Eben-Hezer[1]. »

Au-dessous on aurait pu graver ceux qui sont
brodés sur la couverture dans laquelle est plié son
manuscrit traitant du sommeil des morts :

« He is not dead but sleepeeth. »

Dors, bon et fidèle serviteur, jusqu'à ce que dans le
séjour éternel, tu redises avec tous les glorifiés,
l'Éternel *Eben-Hezer*.

1. *Chrétien évangélique*, 1864, p. 79.

CHAPITRE III

Les luttes ecclésiastiques que Gaussen eut à soutenir avec la vénérable Compagnie, dont le résultat fut sa destitution, ont été provoquées par un esprit de parti. La mesure choisie par le corps directeur de l'Église de-Genève, et par le Conseil d'État contre le pasteur de Satigny, est une de celles que l'on prend rarement contre un pasteur; jamais envers un serviteur de Dieu fidèle, dévoué, croyant, remplissant tout les devoirs de son ministère avec joie, veillant sur les âmes comme devant en rendre compte.

Sa conduite, pendant les quinze années de son ministère, avait-elle été hostile à l'assemblée directrice de l'Église? Non. Dans tous ses actes, Gaussen n'eut qu'un tort, celui de rester trop fidèlement attaché aux principes évangéliques. Aussi ne voulait-il laisser monter dans la chaire de Satigny que ceux de

---

1. Nous nous excusons auprès des lecteurs de revenir sur des événements déjà mentionnés, mais c'est afin de marquer avec plus de détails la véritable position ecclésiastique de Gaussen.

ses collègues professant les doctrines orthodoxes, entre autres Coulin, chapelain de l'hôpital, avec lequel il entretenait d'excellentes relations. Nous avons vu qu'il ne se sentit plus la liberté de faire partie du Comité de la Société des Missions quand il dut y travailler avec des hommes dont les idées étaient opposées aux siennes. Il ne craignait pas de recevoir dans la cure de Satigny ceux que la Compagnie mettait au nombre des ennemis de l'Église nationale : Malan, Émile Guers, Félix Neff. L'harmonie entre Gaussen et la Compagnie devenait de moins en moins possible, quand tout à coup la lutte éclata, le 10 septembre 1830, dans une séance de censures mutuelles.

Le pasteur de Satigny sortit pour être « grabelé ». Une heure s'était écoulée quand un de ses collègues, venant de la salle des délibérations avec un visage altéré, lui dit : « Il faut donc croire que l'intention du Seigneur est qu'il y ait deux clergés dans l'Église de Genève; il est question de vous destituer. » Que s'était-il passé?

La Compagnie avait appris que l'étude du catéchisme n'avait plus lieu dans la paroisse de Satigny, contrairement aux doctrines établies. « Cette suppression, ajoute Chenevière, a été pour quelques-uns des paroissiens un sujet de mécontentement. » Remarquons que ceux-ci n'étaient pas très nombreux, puisque, lorsque les débats furent connus du public, quatre-vingt-dix d'entre eux envoyèrent la lettre suivante à la Compagnie :

« Satigny, 28 octobre. — Les anciens d'Église et les pères de familles de Satygny, soussignés, exposent avec respect à la vénérable Compagnie qu'ils n'ont appris qu'avec une vive peine, qu'il s'était élevé au sujet de l'enseignement religieux de leurs enfants des difficultés assez graves entre la vénérable Compagnie et leur pasteur, pour leur faire craindre de voir leur paroisse privée d'un pasteur auquel les soussignés croient devoir témoigner en cette pénible occasion toute la reconnaissance qu'ils lui doivent, en déclarant qu'ils ont eu lieu d'être pleinement satisfaits des soins qu'il n'a cessé de donner pour l'enseignement religieux de leurs enfants, comme pour celui qu'ils reçoivent dans l'école, ce qu'attestent les grands progrès de la paroisse depuis que ce pasteur y réside, et que ce ne serait qu'accompagné de profonds regrets qu'ils l'en verraient s'éloigner pour des circonstances qu'ils ne se permettent pas de juger. »

Cette lettre ne produisit aucune impression sur la Compagnie. Imbue d'un esprit de domination, elle ne pouvait tolérer quelqu'un qui se raidissait contre son autorité. Du reste, c'était un temps où l'on ne s'inquiétait pas de savoir si les paroissiens étaient contents ou mécontents : pourvu que la Compagnie fût satisfaite, c'était l'essentiel.

Gaussen, introduit dans la salle des séances, est interpellé par le Modérateur. « Pourquoi avez-vous pris de telles décisions sans l'autorisation de la Compagnie? Quel mode d'enseignement suivez-vous dans l'éducation religieuse des enfants de votre paroisse? »

« L'instruction religieuse, répondit le pasteur de Satigny, ne se donne qu'avec la Sainte Écriture. Aucune confession de foi, aucun commentaire, aucun catéchisme ne sont employés. »

Dès le début de son ministère, Gaussen s'était fait

remarquer par ses talents de catéchète. Chaque dimanche, une étude biblique pour les enfants avait lieu dans une salle du presbytère, pour laquelle depuis 1819, il ne se servait que de la Bible. Le catéchisme ou l'instruction obligatoire donnée dans le temple suivait cette première leçon. Pour cet exercice, le recueil dont se servait la majorité des pasteurs avait été mis de côté en 1829. Quant à l'instruction des catéchumènes, elle était toute biblique; l'Écriture sainte avait été substituée au catéchisme dès 1827.

« Par cette triple expérience Gaussen fut convaincu que la Bible est le livre des petits comme celui des grands, qu'elle a pour les enfants un charme dont on fait l'épreuve dès qu'on veut l'employer avec eux, qu'elle ramène souvent avec puissance celui qui leur donne les leçons, à s'occuper lui-même de ses propres besoins et à devenir aussi un enfant devant son Dieu, en même temps qu'elle revêt ses paroles d'une autorité dont les enfants et lui-même sont souvent saisis[1]. »

Malan avait usé, dix ans auparavant, de la même liberté; il en expérimenta les tristes conséquences. Le régent fut destitué parce qu'il expliquait le catéchisme et l'Écriture; que pouvait attendre le pasteur de Satigny qui avait renoncé à expliquer le catéchisme? Son expérience prouvait que cette méthode était excellente, mais la Compagnie n'entrait pas dans ces détails; elle avait adopté un recueil, il fallait l'employer.

M. G. Roulet trouve que cette époque de tyrannie

1. *Lettres,* p. 4.

était un heureux temps. « On savait distinguer entre la théologie d'un homme et ses sentiments religieux. Si la première paraissait suspecte elle ne suffisait pas du moins à altérer les sentiments du cœur et ne rendait pas ombrageuse la confiance chrétienne[1]. »

Avait-on, nous ne dirons pas du respect, mais un peu de bienveillance envers Gaussen, confiance en lui quand on le taxait de dissident parce qu'il ne voulait pas se soumettre à des décisions ecclésiastiques qui étaient contre sa conscience? L'orage éclata dans toute sa fureur lorsque ce dernier déclara que le catéchisme était vicieux quant à la doctrine. Les quatre vérités fondamentales du christianisme ne s'y trouvaient pas : la divinité de Jésus-Christ, la chute morale de l'homme, la justification du pécheur par la foi seule, sa régénération par le Saint-Esprit. Les citations que nous avons faites montrent que ces affirmations ne sont point exagérées. A première vue, il nous a paru que Gaussen avait poussé les choses trop loin, nous avons lu le recueil, nous l'avons examiné attentivement, nous voulions y trouver les doctrines ci-dessus mentionnées, nos efforts ont été vains.

Après avoir entendu les remarques de Gaussen, la Compagnie discuta longuement et finit par avouer qu'elle était convaincue des nombreux défauts de son catéchisme, qu'une commission s'occuperait de le renouveler; mais, en attendant que la nouvelle édition parut, elle enjoignit d'en rétablir l'usage dans l'école, dans la paroisse, dans les instructions.

1. Thèse citée.

Cette décision nous montre quelle sera pendant tout le débat la position prise par la Compagnie; possédant l'autorité ecclésiastique, elle ne pouvait concevoir qu'un membre du clergé eût la pensée de se soustraire à ses décisions. Le catéchisme était défectueux, elle affirmait qu'une nouvelle édition devenait nécessaire, mais elle se gardait bien de faire connaître dans quel sens s'effectuerait ce travail. Nous sommes en droit de supposer que cette révision ne se serait pas faite dans le sens orthodoxe. Comment un corps composé en majorité de membres qui avaient rompu avec les doctrines de la Réforme les insèrerait-il dans le catéchisme considéré comme profession de foi ?

Gaussen doit se soumettre et enseigner des erreurs dans sa paroisse, en attendant que les directeurs de l'Église veuillent bien s'occuper de la révision de leur symbole.

Dans une première lettre, datée du 15 octobre, le pasteur récalcitrant demande à la Compagnie « s'il convient d'ôter aux enfants la sainte Bible qu'ils apprennent par cœur pour leur donner à la place un catéchisme qu'elle même trouve si défectueux et dont le moindre mal est d'être pour eux ennuyeux et inintelligible et pour leur faire perdre, et plus que perdre, un temps pendant lequel jusqu'à ce jour, ils enrichissaient leur mémoire de cette parole de Dieu qui donne la sagesse aux petits, qui parle déjà si puissamment à leur conscience et qu'ils apprennent avec tant de plaisir[1]. » Les exigences de sa con-

---

1. *Lettres*, p. 10.

science ne lui permirent pas de se soumettre aux décisions prises. Deux parties se trouvèrent donc en présence : d'un côté, la Compagnie qui considérait l'affaire comme une question de discipline ecclésiastique ; de l'autre, Gaussen qui envisageait plus sérieusement les choses et faisait de tout cela une question de conscience et de doctrine.

Dans les premières séances, consacrées à examiner les lettres de ce dernier, on parlait déjà d'en venir aux mesures extrêmes. Plusieurs émirent l'opinion que leur collègue n'avait rien de mieux à faire que d'envoyer sa démission, puisqu'il s'agissait pour lui d'une question de doctrine.

Les lettres de Gaussen contiennent un exposé de ses convictions religieuses, mais rien qui ait pu amener les membres de la Compagnie à prendre de telles déterminations. Il n'y a pas dans ce document ces sentiments hostiles dont parle Chenevière, des reproches irréfléchis, des accusations blessantes, un défi de guerre à outrance. Le style est simple, la logique abonde, les expressions employées sont énergiques, mais toujours adoucies par un esprit de charité.

L'assemblée dirigeante de l'Église de Genève n'aimait pas qu'on lui dît la vérité, qu'on la pressât de répondre à certaines questions dogmatiques. Dans les cas difficiles, elle se retranchait derrière des précédents ou ce qu'elle prenait pour tels. Ainsi, en réponse à la première lettre de Gaussen, dans laquelle celui-ci montre qu'elle a abandonné l'article 6 des ordonnances ecclésiastiques, elle affirme que ledit article n'est plus en vigueur, puisque depuis 1788 les pasteurs emploient un nouveau catéchisme pour l'instruction religieuse. La Compagnie, pour être dans la vérité, aurait dû ajouter qu'elle s'était autorisée à mettre de côté le recueil ordonné par le règlement, et qu'elle avait contraint les pasteurs à expliquer celui qui avait été publié sous sa direction.

L'article des ordonnances ecclésiastiques sert de base à toute l'argumentation de Gaussen ; nous devons le faire connaître : « Pour éviter tout danger et que celui qui est à recevoir au saint ministère n'ait quelque mauvaise opinion, il est requis qu'il proteste de tenir la doctrine des saints prophètes et apôtres comme elle est comprise dans les livres du Vieux et du Nouveau Testament, de laquelle doctrine nous avons un sommaire dans notre catéchisme. » L'Institution de l'Église de Genève a été clairement définie et déterminée dans les ordonnances reçues en 1576, et jamais révoquées.

En 1831, d'après ce raisonnement, le catéchisme de Calvin pouvait être considéré comme le symbole de l'Église de Genève.

Nous avons montré, dans la première partie de notre travail, qu'au commencement du XVIIIe siècle les confessions de foi avaient été abolies. Le catéchisme de Calvin subsista jusqu'en 1788. Alphonse Turettini s'était opposé à la *Concensus helvetica*, qui était un résumé de la scolastique protestante ; après plusieurs efforts, il rompit ce cercle de fer dans lequel l'Église de Genève était enfermée, mais il se garda bien de toucher aux doctrines fondamentales de l'Évangile ; son but était de les remettre en évidence.

Gaussen tenait beaucoup plus au passé. Les ordonnances avaient été acceptées par le peuple souverain; lui seul avait le droit de les révoquer. Il ne l'avait pas fait; elles étaient par conséquent toujours en vigueur. S'appuyant sur cet article, il affirme que la Compagnie n'a pas le droit d'imposer aux pasteurs un autre catéchisme que celui de Calvin. Enhardi par la logique, il démontre que la minorité seule est restée fidèle aux principes de la réforme. La majorité a publié un catéchisme qui est en contradiction avec les lois de l'Église; loin de pouvoir l'imposer, elle n'a pas même le droit d'en faire usage. « Qui donc est sorti de la règle? Est-ce moi, serait-ce mes collègues de la minorité de la Compagnie? Qu'on écoute la loi et qu'elle prononce : qui est-ce qui la viole parmi nous, et qui sont ceux qui lui sont fidèles? Qu'on rentre dans la règle et l'on m'y trouvera; je n'aurais pas même à m'y replacer, je n'en suis jamais sorti[1]. »

Les lettres adressées à la Compagnie nous font connaître les opinions ecclésiastiques du pasteur de Satigny. Attaché de toute sa force à l'Église de sa patrie, un seul désir remplissait son cœur, il souhaitait que la foi des fondateurs de cette église fût aussi celle de ses compatriotes. Son but était caché, ont dit des personnes mal renseignées; en commençant les débats avec la Compagnie, Gaussen voulait fonder une communauté indépendante.

Rien n'est plus faux qu'une telle assertion. Laissons l'accusé nous dire ce qu'il pensait de la dissi-

---

1. *Lettres*, p. 32.

dence. « J'aime beaucoup et je respecte le plus grand
nombre de nos frères séparés, je regarde en particulier ceux de Genève comme ayant été pour la plupart parmi nous, par leur doctrine et par leur vie, un
sel et une lumière; mais, je l'ai déjà dit, je ne pense
pas qu'un simple fidèle, ni qu'un ministre de l'Évangile doive, sans de très fortes raisons, se séparer
d'une église dont les confessions de foi, sont conformes à la parole de Dieu et dans le sein de laquelle
on peut faire une libre profession de toute la vérité.
C'est quand les lois, ou c'est quand les hommes vien-
nent à gêner notre conscience dans une église quel-
conque, c'est alors seulement qu'il faut s'en séparer,
et je ne crois pas qu'en général aucun chrétien doive
abandonner légèrement un poste où il peut demeurer
fidèle et devenir utile jusqu'à ce qu'il reçoive là-des-
sus quelqu'une de ces directions que notre Dieu
donne toujours, d'une manière ou d'une autre, à tous
ceux qui veulent s'attendre à lui. Bien loin de mettre
mon honneur à sortir de l'Église de Genève parce
qu'elle est en danger, il me semble que l'honneur, je
veux dire le devoir, m'oblige d'y rester plus que
jamais et aussi longtemps du moins qu'il me sera
possible. »

En terminant sa lettre, Gaussen rend un splendide
témoignage à la divinité du Sauveur, en proclamant
que l'ancienne église de Genève a toujours considéré
cette vérité comme la base du Christianisme. Les
Antoine Maurice, les Bénédict Pictet, les François
Turretini, dont la renommée s'étendit dans toute
l'Europe protestante, n'auraient pas fait apprendre
et réciter le catéchisme actuel, puisqu'ils reconnais-

saient que le dogme de la divinité de Jésus-Christ est
fondamental et que la croyance à cette vérité est nécessaire pour être sauvé.

Une commission de cinq membres fut nommée
pour examiner l'affaire. Le pasteur Peschier, élu
président, dirigea les discussions avec un esprit de
douceur. Le professeur Choisy remplissait les fonctions de secrétaire. Le rapport présenté quelques
semaines plus tard n'est qu'une réfutation des asser-
tions de Gaussen. Qu'aurait-il pu être?

Où nous mènerait, dit le rapporteur, ces principes
d'indépendance? Le pasteur de Satigny n'a pas examiné toute la portée du principe qu'il a émis; s'il
l'avait fait, il aurait vu en particulier que par la porte
large qu'il veut ouvrir pourrait entrer le rationalisme
dont nous avons heureusement pu nous préserver
jusqu'à cette heure. Remarquons que l'Église n'avait
pas à lui ouvrir la porte, il était établi dans son sein,
depuis longtemps elle en professait les doctrines. Ensuite on reproche à Gaussen de vouloir revenir aux
idées de Calvin; ceci est encore faux, car son but
était plus élevé, il désirait le retour aux Écritures.
Sa marche ne s'arrête pas à moitié chemin de la
source où les eaux sont déjà troublées, il remonte à la
source même, à cette parole de vérité; là seulement
sa soif est apaisée. Il veut que l'Église de sa patrie
adore le Christ éternel qui du haut de son trône de
gloire lui crie comme jadis aux Juifs : « Vous con-
naîtrez la vérité et la vérité vous affranchira[1]. »

Le rapport conclut : 1° Que M. Gaussen a voulu

---

1. Jean viii, 31.

détruire les usages universellement admis; il décline
de fait l'autorité de la Compagnie et du Conseil;

2° Il se déclare indépendant quant à la doctrine
en se réservant de juger lui-même quels sont les cas
où la doctrine est intéressée;

3° Il se réserve de prononcer sur la liberté entière
d'enseignement, ce que la Compagnie n'a jamais
admis pour la religion. Gaussen doit céder;

4° L'entrée de sa chaire est interdite à ses collègues
qui pensent autrement que lui. Il leur refuse le titre
de frère qu'il accorde aux séparatistes, il ne se rend
presque jamais dans leurs assemblées.

Après une discussion très longue, dans la séance
du 5 novembre, la Compagnie prend l'arrêté suivant :

1° La décision du 10 septembre dernier est main-
tenue. En conséquence de cette décision, les enfants
et les catéchumènes de la paroisse de Satigny devront
étudier le catéchisme adopté par la Compagnie. Il
sera récité dans l'école, dans le temple au service du
dimanche;

2° Conformément à la même décision, il est rappelé à M. Gaussen qu'il est en droit de soumettre à
la vénérable Compagnie toutes les propositions ou
observations sur le catéchisme actuel, sur le moyen
d'améliorer l'instruction religieuse;

3° M. Gaussen doit retirer ses lettres.

Le 12 novembre, une lettre adressée à la Compagnie
faisait connaître les décisions du pasteur de Satigny.
Il ne pouvait se soumettre complètement. Sa conscience lui défendait de retirer ses lettres. « Si
contre toutes mes intentions, il se trouvait dans cet
écrit quelques expressions qui pussent paraître incon-

venantes, je me hâterai de les reprendre et ce serait un besoin pour moi de les condamner. Quant à la lettre elle-même, il peut d'abord sembler que je ne dois pas hésiter à la retirer, puisqu'elle avait essentiellement pour but de soutenir un droit qui n'est plus contesté ou qui même paraît ne l'avoir jamais été. Cependant, considérant que cette démarche de ma part serait inévitablement interprétée comme une rétractation de mes principes et de mes doctrines, j'espère que la vénérable Compagnie voudra bien comprendre que je ne puis m'exposer à l'imputation d'un tel désaveu. »

L'affaire aurait pu s'arrêter là, si des deux côtés on avait mis moins de ténacité à faire prévaloir ses opinions. Si le désir de la Compagnie avait été de rétablir la paix, comme le fait remarquer Pronier, elle aurait tenu compte des paroles pleines d'amour fraternel que lui avait adressées Gaussen, elle n'aurait pas méprisé sa franchise. Pénétré d'un esprit tyrannique, elle ordonnait qu'on se soumît ou qu'on se retirât.

Le 13 novembre, elle revient à la charge et demande le retrait des lettres du pasteur de Satigny, dont un membre de cette assemblée disait « qu'il n'était pas possible de conserver de tels documents dans les archives ». L'arrêté, ajoute le modérateur, forme un tout qu'elle ne peut permettre de scinder et dont elle exige l'exécution complète.

Une telle sommation était nécessaire, ou nous aurions passé pour inconséquents, dit Chenevière. « Ce sera, aux yeux de toute personne impartiale, une question d'ordre, de discipline, de juste subordi-

nation; c'était la question de l'existence même de la
Compagnie comme corps subsistant par des règlements et ne pouvant marcher, administrer, dans la
sphère si petite soit-elle de son activité qu'autant que
ses règlements signés par tous ses membres sans
exception, sont aussi respectés par eux. »

Plusieurs amis intimes de Gaussen vinrent le
supplier de rétracter ses lettres; mais plus il exami-
nait la question, plus sa conscience lui ordonnait de
tenir ferme. Il ne voulait pas céder, sentant que la
Compagnie ne désirait qu'une chose : une soumis-
sion complète. Quelques lignes de l'arrêté du 12 novembre l'engageait à persister dans sa résolution.
« Il est bien entendu qu'en vous communiquant un
arrêté qui résulte des règlements et usages actuels,
la Compagnie n'a nullement voulu limiter son droit
légal de règlement pour l'avenir, en particulier celui
d'introduire, si elle le jugeait convenable, de l'uni-
formité dans la manière dont doit se faire le catéchisme du dimanche dans les diverses églises de la
campagne. »

Sur le refus de Gaussen, la Compagnie se réunit
de nouveau, et, dans sa séance du 3 décembre, après
plusieurs heures de délibération, elle arrêta :

1° M. Gaussen est censuré;

2° Il est suspendu pour un an du droit de siéger
dans la Compagnie, sauf dans le cas où il y sera
spécialement mandé et sans que pour cela la Compagnie cesse de surveiller l'état religieux de la paroisse de Satigny.

Le rejet du catéchisme ne fut pas la seule cause de
ces décisions. La personne de Gaussen devenait

embarrassante. La même lutte aurait pu éclater cinq ans auparavant lorsqu'il écrivait à la Compagnie : « Qu'il se regardait toujours comme honoré de voir monter dans la chaire de Satigny tous ceux de Messieurs les pasteurs qui confessent l'éternelle divinité de notre Seigneur, notre corruption naturelle et la justification gratuite du pécheur par la foi au sang de Jésus-Christ. »

Cette déclaration nous montre les deux ennemis qui étaient aux prises : l'orthodoxie, représentée par Gaussen, et les doctrines unitaires dont les champions étaient les membres de la majorité de la Compagnie. Pour trancher la question, trois solutions étaient possibles :

1° Gaussen donnera sa démission, mais privera ainsi l'Église de sa patrie de la prédication du pur Évangile. Le pasteur de Satigny aimait trop son église pour prendre une telle décision ;

2° La Compagnie jettera le voile sur cette affaire ; du même coup, elle ouvrira la porte à l'individualisme ecclésiastique et doctrinal. Elle ne pouvait prendre ce parti, puisque depuis plusieurs années, elle avait déclaré une guerre acharnée aux tendances individualistes ;

3° La Compagnie prononcera la destitution de Gaussen. Sera-t-elle en droit de le faire en ne considérant plus le catéchisme de Calvin comme sa profession de foi. Il y aura de sa part une grave inconséquence.

Dans ses rapports, la commission s'efforce de montrer que le règlement sur lequel s'appuie Gaussen est aboli, mais les preuves historiques fournies sont faibles. Cet article de la constitution tranchait la question : « La compétence du Consistoire sera la même qu'elle était ci-devant par l'ordonnance ecclésiastique. » La constitution genevoise de 1815 sanctionnait donc la valeur des ordonnances ecclésiastiques. L'entente était impossible.

Avant de terminer la première partie de ces débats, nous voulons relever ce qui a attiré tout spécialement notre attention en étudiant les lettres et les mémoires de Gaussen. Son humilité, sa foi, nous ont frappés plus que sa fermeté. Il ne combattait pas pour lui-même, pour se faire une renommée, mais pour la cause évangélique. Il combattait, la Bible à la main, règle unique de sa foi et son seul consolateur dans les mauvais jours.

Pronier caractérise bien la situation en écrivant les lignes suivantes : « Quand on examine avec soin les pièces du procès et ses péripéties, on y voit en définitive le conflit de deux doctrines qui se livraient bataille dans Genève et sur le continent depuis 1817. C'est le supranaturalisme du XVIIIe siècle et le réveil orthodoxe qui sont aux prises. Entre Gaussen et la majorité de la Compagnie, il y avait un dissentiment profond au sujet de la doctrine[1]. »

Les deux partis étaient à jamais irréconciliables. Le pasteur de Satigny ne voulait pas donner sa démission, désirant rester fidèle à son poste aussi longtemps que les circonstances le permettraient. La lutte, un moment suspendue, recommença à la fondation de la Société évangélique et de l'École de théo-

---

1. *Chrétien évangélique,* 1863, p. 507.

logie. Deux circulaires annonçaient l'ouverture de celle-ci. Les personnes qui avaient pris l'initiative de cette affaire occupaient une excellente position sociale. Quelques membres de la Société faisaient partie des Conseils de la République.

Les plus vives attaques furent dirigées contre cette nouvelle institution. Pour être convaincu de tout ce qu'il y avait d'injuste et d'odieux dans ces accusations, il n'y qu'à relire les articles du *Protestant de Genève*.

Gaussen, membre de la Compagnie, avait signé les circulaires, ainsi que Merle et Galland, qui appartenaient tous deux au clergé de l'Église nationale. Une telle conduite ne pouvait être tolérée. La Compagnie, après avoir délibéré sur la question dans huit séances, écrivit le 30 septembre 1831 au vénérable Consistoire : « Conformément à l'article 6 du concordat entre le Consistoire et la Compagnie, M. le Modérateur devra convoquer le Consistoire dans le plus bref délai pour lui rapporter, au nom de la Compagnie, qu'elle juge nécessaire : 1° de révoquer M. Gaussen de ses fonctions de pasteur de Satigny; 2° interdire à MM. Gaussen, Galland, Merle toutes les fonctions de la chaire dans les temples et chapelles du canton [1]. »

Le Consistoire ne put faire autrement que de confirmer ce décret, puisque la majorité de ses membres faisait partie de la Compagnie. Le Consistoire décida, dans la séance du 11 octobre, de faire sanctionner les décisions prises par le Conseil d'État. Ce corps apporta une sage lenteur à l'étude de cette affaire.

---

1. *Mémoires adressés au Conseil d'État*, p. 89.

Enfin, le 30 novembre 1831, il décrète : « M. Gaussen, revêtu des fonctions pastorales dans l'Église réformée de Genève, a rompu lui-même les liens de subordination qui doivent exister de la part d'un pasteur envers l'autorité ecclésiastique chargée de la direction du culte : le dit pasteur est révoqué de ses fonctions de pasteur de la paroisse de Satigny. Le présent arrêté sera transmis au vénérable Consistoire et à M. Gaussen. »

Telles furent les décisions prises par le Conseil d'État. Il nous reste à voir les conséquences de cet acte pour la Compagnie, pour Gaussen, pour l'Église de Genève, pour la Société évangélique.

Vinet est tout à fait dans le vrai, quand il dit : « La Compagnie n'a invoqué aucune loi, elle ne le pouvait pas; mais elle a obéi à une loi que je dénommerai la loi de sa propre conservation ou du moins la loi de sa position. Écrit ou non écrit, il y a un article quatorze dans toutes les chartes. Nulle loi ne peut tout prévoir, nulle loi ne peut prévoir le renversement des lois. Lorsqu'aux infractions de détails, soigneusement nommées d'avance, succède la grande infraction qui atteint les lois dans leur centre, je veux dire dans l'existence de la société ou du corps dont elles émanent, la société ou le corps menacé n'a d'autres lois à alléguer que la nécessité d'être, et celui qui du sein de cette société menace son existence n'est pas reçu à dire : « Vous n'avez fait aucune « loi qui empêche de vous détruire, il faut donc que « vous vous laissiez tranquillement détruire. »

La Compagnie a bien fait de dire : ceux qui veulent ma chute ne peuvent siéger dans mon sein, ni

prendre part à mes délibérations. *Elle ne pouvait rai-
sonner autrement dans la voie où elle s'était engagée.*

Du reste Gaussen, Galland, Merle ne désiraient pas
la chute de la Compagnie; leur but était de rendre
témoignages aux vérités évangéliques. Ces considérations n'avaient aucune valeur pour les membres du
corps directeur de l'Église de Genève. La renommée
de la Société évangélique n'aurait pas été si grande
sans ces débats ou s'il n'eussent été rendus publics,
son activité se serait simplement déployée dans la patrie
genevoise; mais qui sait si la Nouvelle École n'aurait
pas supplanté la Faculté nationale? Cette perspective
faisait frémir d'épouvante les membres de la Compagnie. Une fois l'Église pénétrée des vérités évangéliques, transformée par la prédication de la pure
doctrine, l'assemblée des pasteurs n'aurait pas dis-
paru comme corps ecclésiastique, mais sa manière
d'agir devait être toute différente.

Nous ne pouvons pas souscrire aux lignes suivantes : « A quel moment l'existence de la Compagnie et des institutions nationales fut-elle donc mise
en danger? Fut-ce à la fondation de la Société évangélique et de son École de théologie? Mais non!
Supposez qu'on n'eût point révoqué le pasteur de
Satigny, qu'on ait laissé faire, que serait-il arrivé?
Gaussen ne serait point devenu professeur. La nouvelle institution, gênée par sa position délicate, ou
n'aurait pu prendre l'importance qu'elle a prise à
l'étranger, ou elle aurait elle-même rompu les liens
embarrassants qui l'attachaient à l'Église nationale[1]. »

1. *Chrétien évangélique,* 1863, p. 512.

Cette remarque de Pronier ne nous paraît pas exacte. La Société évangélique était destinée à prendre une grande importance à l'étranger, surtout en France où l'on avait grand besoin de prédicateurs évangéliques. A Genève même, son action aurait été plus profonde encore, quoique peut-être plus lente. Le Réveil de l'Église nationale aurait eu une plus grande impulsion. Il aurait communiqué soit au Consistoire, soit à la Compagnie cet esprit large, tolérant, cet esprit chrétien qui n'a point été leur partage dans maintes délibérations subséquentes.

La décision du Conseil d'État fit beaucoup de peine au pasteur de Satigny. Il eut deux grandes douleurs dans sa vie : la perte de sa femme fut la première, l'éloignement de cette paroisse qui lui était si chère, la seconde. Chassé de l'Église, à laquelle il était si fortement attaché, il se consacra tout entier à la Société évangélique. Celle-ci fit en Gaussen l'acquisition d'un prédicateur éminent, d'un homme puissant, jouissant à Genève et à l'étranger d'une excellente réputation et dont le professorat honora l'École de théologie pendant plus de vingt-cinq années.

A Satigny, ce fut une vive douleur que le départ de ce pasteur qui annonçait la bonne nouvelle aux pécheurs avec tant de zèle, tant d'amour, tant de pureté. Il eut pourtant une déception à laquelle il devait s'attendre; à son départ, ses paroissiens ne lui témoignèrent pas unanimement toute l'affection qu'il était en droit de réclamer.

Non seulement pour Satigny, mais pour l'Église entière les mesures injustes du Conseil d'État eurent de tristes conséquences : la patrie genevoise se trouva privée d'un prédicateur distingué. Nous l'avons dit; en terminant, nous le répétons, la Compagnie chassa de son camp un pasteur contre lequel, elle n'avait qu'un grief, celui de l'entendre proclàmer une doctrine différente de celle de la majorité.

Dans tous ces débats, Gaussen resta calme, jamais il ne douta que la main de Dieu dirigerait toute chose pour son plus grand bien. Entré dans sa paroisse avec une bonne conscience, il en sortait la conscience à l'aise, répétant avec Job : « L'Éternel a donné, l'Éternel a repris, que le nom de l'Éternel soit béni. »

Malgré ces mesures injustes, le professeur de l'École évangélique resta toujours très attaché à l'Église de sa patrie, il fut heureux de voir le Réveil exercer une bonne influence sur les pasteurs. Ce serait avec un grand bonheur que, de nos jours, Gaussen monterait dans les chaires de l'Église nationale pour y proclamer les doctrines qui furent sa joie et sa consolation. Si l'ancien pasteur de Satigny eut des ennemis, il eut aussi beaucoup d'amis. Ceux-ci surent lui aider à être plus que vainqueur, en priant pour lui avec lui. Quant à ses ennemis, il les aimait. Qu'on nous permette de citer un fait qui nous montre que Gaussen était un homme de cœur. Depuis longtemps le professeur de dogmatique de l'Académie, Chenevière, et celui de l'École évangélique, n'avaient plus aucun rapport. Un jour, Chenevière montait la grand'rue, Gaussen descendait. Ce dernier traverse la rue, saisit la main de celui qui avait écrit des pages si regrettables contre lui et contre les partisans du Réveil, et lui dit tout ému : « Cher frère, nous voulons tout oublier. » Chenevière ne put rien répondre; arrivé à l'auditoire de théologie, il raconte aux étudiants ce qui venait de se passer, puis en rentrant dans sa demeure, il écrit une lettre excellente au professeur de l'Oratoire. Dès ce moment, de bonnes relations furent entretenues entre le représentant de la stricte orthodoxie et celui de la théologie latitudinaire. Une parole du Sauveur fut leur mot d'ordre dans cette circonstance : « Heureux ceux qui procurent la paix, car ils seront appelés enfants de Dieu. »

CONCLUSION

Pour terminer cette étude, nous aurions encore
deux sujets à traiter : la prédication de Gaussen et sa
théologie.

Dans ces deux domaines, le professeur de l'École
évangélique a une place à part. Sans contredit, par
ses sermons et ses catéchèses, il est un de ceux qui
ont le plus honoré les chaires de Genève au commencement du XIXe siècle. Sa prédication a beaucoup de
rapport avec celle des orateurs classiques du XVIIe;
ce qui frappe, en lisant ses sermons, n'est pas la
puissance de raisonnement comme chez Vinet, l'im-
pétuosité des mouvements oratoires qui caractérise
Adolphe Monod, la connaissance psychologique dont
les sermons de Bersier sont remplis. Il y a des traces
de toutes ces qualités, mais celles qui les distinguent,
c'est une connaissance profonde des Écritures, un
ardent amour des âmes, un souffle poétique, une
imagination abondante. Il cite les Écritures sans
feuilleter le livre, il n'a qu'à laisser épancher le trop
plein de son cœur. Ceux qui ont eu le privilège d'en-

tendre Gaussen, ont tous eu la même impression :
C'était la Bible vécue.

Quant à sa théologie, elle se rapproche de celle des
Réformateurs, mais plus encore de celle des scolas-
tiques du XVIIe siècle. La doctrine qui la caractérise est celle de la *pleine inspiration des Écritures.*
Dieu a dit, Dieu a dicté ses oracles à son peuple,
telle est la pensée de Gaussen. Dans une époque désastreuse au point de vue religieux, il sut montrer au
peuple où était son salut, son relèvement, dans les
Écritures. Par l'Écriture à Christ, telle est l'idée do-
minante de la théologie de Gaussen, celle de Luther
et de Calvin était par Christ à l'Écriture.

THÈSES

I

Dans la seconde moitié du XVIII siècle, Genève se caractérise par un relâchement général. Relâchement dans les mœurs, dans le domaine spirituel et religieux, dans la théologie.

II

Le mouvement religieux connu sous le nom de Réveil qui s'est opéré à Genève au commencement du XIX siècle n'est pas seulement un miracle de Dieu ou une importation étrangère. Il est le fruit de deux activités combinées : celle de Dieu et celle de l'homme.

III

Le Réveil n'est pas un mouvement intellectualiste. Les hommes qui ont le plus travaillé à ce mouvement ont été animés du désir de remettre en évidence les doctrines vitales de l'Évangile : La divinité de Jésus-Christ, l'expiation du péché par le sang de la croix, la justification par la foi.

IV

A l'époque du Réveil, la Faculté de théologie avait rompu avec l'orthodoxie. Elle se rattachait aux idées ariennes quant à la divinité de Jésus-Christ, aux idées sociniennes quant au salut par grâce.

V

L'intolérance de la vénérable Compagnie fut la cause de la dissidence. Le manifeste le plus évident de cette intolérance, le règlement du 3 mai, eut pour conséquence l'établissement d'une Église indépendante à Genève.

VI

Malan fonda l'Église du témoignage sur le refus de la Compagnie de lui laisser prêcher librement l'Évangile dans les chaires de Genève.

VII

La Société évangélique, fondée en janvier 1831, par Gaussen et quelques chrétiens de Genève, ne fut point une nouvelle dissidence. La plupart des membres du Comité appartenaient à l'Église nationale et n'eurent d'autre but que de travailler au réveil de celle-ci.

VIII

L'École évangélique combattit sur le terrain de la science l'enseignement hétérodoxe de la Faculté de théologie. Elle eut sa raison d'être dans cette époque de décadence religieuse, elle l'aura tant qu'elle restera fidèle à son principe premier : se proposer en tout la gloire de Jésus-Christ et de sa parole.

IX

Gaussen fut dans l'Église nationale le représentant le plus distingué des doctrines évangéliques. Il fut dans cette église le véritable champion des idées des Réformateurs.

X

Il en fut chassé non pour avoir mis de côté le catéchisme adopté par la compagnie et qui était devenu son symbole, mais parce qu'il ne voulait pas se soumettre aux décisions arbitraires de ce corps quant aux principes dogmatiques.

XI

Le catéchisme adopté par la Compagnie ne renfermait pas les doctrines fondamentales de l'Évangile.

XII

Au point de vue légal, Gaussen avait le droit de ne pas enseigner ce catéchisme dans sa paroisse.

XIII

L'accusation que l'on a souvent portée contre Gaussen en le traitant de séparatiste est fausse. Il est demeuré toute sa vie fermement attaché à l'Église nationale.

XIV

Les Saintes Écritures sont l'autorité souveraine en matière de foi.

XV

Il y a urgence à remettre en évidence dans la prédication évangélique la doctrine de la justification par la foi.

XVI

Il ne saurait y avoir d'église vraiment évangélique sans confession de foi : c'est d'ailleurs le principe protestant.

Vu par le Président de la soutenance :

Montauban, le 20 janvier 1897.

L. MAURY.

Vu par le Doyen :

C. BRUSTON.

Vu et permis d'imprimer :

Toulouse, le 21 janvier 1897.

Pour le Recteur :

Le Doyen délégué,

J. FAGET.

TABLE DES MATIÈRES